辽宁省博物馆藏金石文字集萃

辽宁省博物馆 编著

—— 刘宁 主编

文物出版社

图书在版编目（CIP）数据

辽宁省博物馆藏金石文字集萃 / 辽宁省博物馆编著；
刘宁主编. —— 北京：文物出版社，2021.12
ISBN 978-7-5010-6618-6

Ⅰ．①辽… Ⅱ．①辽… ②刘… Ⅲ．①金文－汇编－
中国 Ⅳ．①K877.33

中国版本图书馆CIP数据核字(2021)第058622号

辽宁省博物馆藏金石文字集萃

编　　著：辽宁省博物馆

主　　编：刘　宁

拓　　片：郭德胜　张启刚

摄　　影：林　利　沙楚清

装帧设计：李　红

责任编辑：杨新改

责任校对：安艳娇

责任印制：苏　林

出版发行：文物出版社

社　　址：北京市东城区东直门内北小街2号楼

邮　　编：100007

网　　址：http://www.wenwu.com

经　　销：新华书店

制版印刷：天津图文方嘉印刷有限公司

开　　本：889mm×1194mm　1/16

印　　张：22.5

版　　次：2021年12月第1版

印　　次：2021年12月第1次印刷

书　　号：ISBN 978-7-5010-6618-6

定　　价：560.00元

目 录
CONTENTS

前　言 / 刘　宁 8

第一章　铜器

　　　　（一）出土铜器 16

　　　　（二）传世铜器 92

第二章　砖瓦陶铭

　　　　（一）出土砖瓦陶铭 222

　　　　（二）传世砖瓦陶铭 248

第三章　封泥

　　　　（一）出土封泥 262

　　　　（二）传世封泥 270

第四章　碑石

　　　　（一）东汉石经残字 288

　　　　（二）魏晋碑 306

附　文

　　　鸟纹三戈的再研究 / 李学勤 312

　　　商三勾兵研究及著录 316

　　　介绍一件罗振玉旧藏的夔匕 / 单育辰　李松儒 318

　　　燕王职戈考释 / 张震泽 324

　　　辽宁地区出土青铜器概述 / 刘　宁 328

附　表

　　　辽宁省博物馆藏先秦时期有铭青铜器一览表 332

　　　器物著录书刊简称对照表 358

后　记 359

前　言

◎刘　宁

　　1934 年伪满洲国在原奉系军阀汤玉麟的官邸设立了"国立博物馆"，1938 年改称"国立中央博物馆奉天分馆"，1946 年改为"国立沈阳博物院筹备委员会古物馆"。1948 年 11 月沈阳解放后，东北人民政府文物管理委员会接管了该馆，1949 年春在此基础上成立了"东北博物馆"，并于同年 7 月 7 日正式向社会开放，是中华人民共和国成立前夕最早建成开放的一座综合性历史艺术博物馆，1959 年 1 月 5 日始改称辽宁省博物馆。

　　馆藏文物中，有旧藏，有通过征集、购藏、接收、考古发掘等多种途径入藏的历史文物，颇为可观，不仅数量多，年代跨度大，而且独具历史与文物价值。藏品的积累从建馆时的 1 万余件，增加到现在近 12 万件，有 20 个文物分类，初步形成了门类齐全、精品荟萃、独具特色的藏品体系。在众多的藏品中，以书画、缂丝刺绣、青铜器、碑志及辽宁地区考古出土文物等最具特色和影响。尤其是其中一些考古出土秦汉以前带铭文的器物，以及罗振玉曾收藏或著录过的青铜器等一批文物，对研究某一时代的某些问题都有非常重要的史料价值。

一　出土青铜器

　　辽西地区出土了近 60 件商周之际的窖藏青铜器，集中分布于大凌河上游的喀左县境内，共发现有六处窖藏，计有喀左县马厂沟、北洞、山湾子、小波汰沟和义县花尔楼等地。这些窖藏青铜器，具典型商周青铜器特点而又有一些区域特色，出土的几乎全部都是大型青铜礼器，未见爵、斝之类的青铜酒器，且多铸有族徽一类铭文，是研究辽宁地区古民族、古方国的重要资料[①]。其中孤竹罍的出土，为考证孤竹国在辽西的具体地理位置，提供了科学证据，证实了商代孤竹国的所在与辽西有关[②]。伯矩甗、圉簋与北京琉璃河西周燕国墓出土的青铜器同铭，匽（燕）侯盂（原件收藏在中国国家博物馆）和受燕侯赏赐的诸族铜器的出土，表明周初封燕，其势力就越过燕山到达了辽西[③]。这些具有较高历史内涵的铭文，充分地印证了《左传·定公四年》中提到的"启以商政，疆以周索""启以夏政，疆以戎索"的周初分封诸侯的政策，及《左传·昭公九年》"昔武王克商……肃慎、燕亳，吾北土也"的记载。同时，在这几批青铜器中已出现了一些区域特色和北方草原文化因素，如喀左小波汰沟青铜器窖藏出土的"圉"簋④，器耳上独特的三层动物纹装饰，是北方草原题材与商周彝器风格交融的典范。

关于这几批窖藏青铜器的来源，学者们意见不一。有学者认为这是西周初年燕国祭祀山川时埋藏的青铜礼器⑤；也有学者认为，这批青铜器还可能与"箕子东迁"有关，为探索商代箕族地望提供了重要线索⑥；还有学者认为这是"荆轲刺秦"失败后，燕王喜在逃亡辽东的路途中匆忙埋下来的，为《战国策》卷31《燕策三》中记载"燕王喜、太子丹等尽率其精兵东保于辽东"的史事提供了实物依据⑦。

从西周中、晚期至战国末期，辽宁及其周边地区流行一种有别于中原直刃式青铜剑的曲刃式青铜短剑，形制比较特殊，与中原地区常见的直刃剑形制差别较大，具有明显的地方色彩。

青铜短剑文化在东北青铜文化中始终占有主导地位，使东北地区青铜文化，在形成地域特色的同时，仍保持和中原地区同步发展的趋势。随着铁器的推广进而燕文化的强势，这一民族文化的交流融合从战国中期起越过医巫闾山，以点线到面的态势向辽东甚至更远地区深入，一方面为燕秦汉王朝在辽宁地区建立郡县、秦汉帝国的统一并得以长期延续做好了准备，一方面也将东北亚古文化推进到一个新的历史阶段，到汉代出现了以辽阳（襄平）为中心的一度繁盛。

公元前3世纪初，燕昭王遣大将秦开却东胡，设立上谷、渔阳、右北平、辽西、辽东五郡，其中辽东、辽西和右北平郡的部分地区位于今辽宁境内。又修筑燕北长城，防御东胡等游牧民族的南下，辽宁地区正式纳入燕国版图。在辽宁境内发现的燕国布币中，也是以襄平布出土最多，"襄平"即今辽阳，是当时辽东郡郡治所在地。襄平布流通时间在公元前3世纪初燕国设置辽东等五郡，至公元前222年秦灭燕的七八十年间。随着燕国势力的东进，东北南部纳入燕的统辖，辽宁地区逐渐成为中原文化的一部分。

辽宁地区出土的燕国青铜兵器反映了这一历史时期的战争与征服，如北票东官营子采集的燕王职戈⑧、北镇亮甲河采集的燕王喜短剑，以及传世较多的燕王矛等。

除燕国的兵器外，燕秦时期战争中的遗存，主要是青铜兵器，在辽宁地区多有发现，如大连庄河出土的赵国兵器春平侯钺⑨、大连新金县出土的魏国兵器启封戈⑩，丹东宽甸出土的秦国兵器元年丞相戈⑪等。战国晚期的赵国封君有春平侯，见于《战国策·赵策四》。春平侯是赵孝成王太子，曾于赵孝成王十七年出任相邦，翌年因为出质于秦而去相，赵悼襄王二年，秦遣春平君归赵。在赵悼襄王死后，春平君又出任赵王迁相邦，赵王迁四、五两年间，春平侯的相邦葛得和大攻尹赵间曾一度代理相邦春平侯分别管理邦右库和邦左库的监造事务。目前发现"相邦春平侯"监造的铜钺多达16件⑫。

二　传世青铜器

本书收录的传世青铜器多为早年收入馆中的藏品，其来源有原东北博物馆旧藏、原东北文物管理处拨交、铁岭市有色金属熔炼厂拣选、从文物商店购入等。特别是三代吉金在罗振玉编著的《梦郼草堂吉金图》《三代吉金文存》等书中多有著录，此外还有吴式芬、荣厚、李泰棻、陈介祺等人旧藏的商周彝器。

罗振玉是中国近代金石学家、敦煌学家、目录学家、校勘学家、古文字学家，一生著作达189种，校刊书籍642种。民国时期，青铜器的著录书籍主要有图录和款识两类，私家藏器图录重要的有《梦郼草堂吉金图》三卷，《续编》一卷，分别于1917、1918年出版，是罗振玉旅居日本时在京都用珂罗版印刷的自藏青铜器图录，共收录商周青铜器123件，不记尺寸亦无考释，但这是中国人以珂罗版印刷青铜器书籍之始。同样体例的还有《贞松堂吉金图》三卷，收罗氏自藏青铜器198件，其中商周彝器135件，1936年影印。

著录铭文，即款识类的书籍采用拓本，如1916

年邹安的《周金文存》石印本，1917年罗振玉《殷文存》二卷石印本，1933年刘体智《小校经阁金文拓本》十八卷石印本等。最重要的是罗振玉的《三代吉金文存》二十卷，以罗氏搜集的拓本为主，几乎是当时所能见到的全部三代金文，是著录商周金文集大成的著录。

罗氏图书中著录的传世青铜器，在辽宁省博物馆收藏的有三勾兵、大作盉、鱼簋、父乙觚等，其中国宝级文物商代三勾兵，三器成一组传世至今，作器者的先君皆以日为名，三世之名先后并列，铭文倒书，不仅与《尚书·顾命》中"执戈上刃"记载相符，而且对研究商代亲属称谓和宗法制度有着重要的价值。也有学者对其时代及铭文的真伪提出了不同的看法[13]。从20世纪初出于河北境内，就有王国维、罗振玉、邹安、王辰、刘体智、李学勤、马承源等人进行著录和研究，至今各类的著录及研究文章三十余种。罗氏同样重量级的收藏还有鱼鼎匕，传20世纪20年代山西浑源出土，匕字体接近山西侯马所出盟书，年代当在春秋战国之际，系晋人之物。

除三代吉金，辽宁省博物馆收藏的传世两汉时期的铭文青铜器也是流传有序，独具特色。如罗振玉旧藏的西汉羽阳宫铜疏科，疏科传世者极少见，此科文字及铸造又极精妙，是汉器中的精品。东汉夷道官斛，是体现度量衡领域汉承秦制的一个见证。从诸多度量衡文物、传世文献及出土文献看，秦汉之间从桶到斛的演变，大致以王莽作为分界。西汉量器称为"甬（桶）"，而目前发现的自王莽至汉末的容为十斗的量器，皆自称为"斛"，王莽从桶到斛的改革使得秦汉度量衡制度得到修正与完善，且东汉的简牍、器物铭文及史籍中均大量使用"斛"作为容量单位[14]。

罗振玉编集影印青铜器图录外，还广泛编集了古器物范、明器、古镜、瓦当、玺印、封泥、符牌、钞币、刑徒砖、买地券等专集。其中不少文物已佚，借罗氏集录得以保存图像及铭文。馆藏安国侯铜虎符收录于《增订历代符牌图录》，罗氏考证其为高祖八年之物，西汉初之侯符[15]。金代左右宿直将军司从人牌子在罗氏图录里有相同的著录，只是馆藏的这面铜牌下端文字有残损不全，罗氏图录里是完整的。《金史·熙宗本纪》记载完颜亮等人"窃符、矫诏开宫门"，发动宫廷政变刺杀金熙宗，其所窃的"符"当是这类从人牌子[16]。

三　封泥砖瓦陶铭

馆藏考古出土及传世的封泥、砖瓦、陶器器铭也是富有地方特色与历史价值的。如凌源县安杖子出土了十数枚封泥，朝阳县十二台乡袁台子出土了百余件带有"柳""城""柳城"字样的板瓦和筒瓦片[17]，朝阳及辽东地区出土的陶铭及墓砖等，具有一定的时代特点，这些有铭器物与现已发现的数十座汉代城址及其遗物一起，是秦汉时期开发东北的历史见证。

朝阳十二台乡袁台子遗址位于大凌河南岸，遗址发现的建筑材料中多块印有"柳""柳城"字的板瓦，还发掘出专门烧制这种板瓦的陶窑，出有"柳城"字款陶拍。柳城是西汉辽西郡属县之一，是辽西郡之西部都尉治所，是辽西走廊的交通枢纽，历史地位相当重要，史籍多有涉及，隋辽西郡、唐营州都督府都设柳城郡，下辖柳城县，隋韩暨墓志，记韩氏夫妇于大业八年"合葬于柳城县西北七里风神岗之南麓"[18]；唐左才墓志记咸亨四年"合葬于柳城南八里之原"[19]，朝阳地区出土的唐韩贞墓志[20]、高英淑墓志[21]都有葬于柳城的记载。但柳城故址具体位于朝阳何地，文献却无明确记载。根据出土的墓志及"柳"字款板瓦、陶拍，可以推定西汉柳城故址在今袁台子—腰而营子村一带，而隋唐柳城县治在今朝阳老城区，两城相距不远[22]。

从考古出土资料看古代辽宁文字的演变发展，最早所见的是商周青铜器上的铭文，到战国时期的陶铭，秦汉兵器及封泥砖瓦文字，不仅有字体的变化，从金文到篆书到隶书，而且记录着古代辽宁的历史演进。辽宁地区发现的战国时期陶铭，有袁台子战国墓出土的"酉城"铭陶壶、喀左二步尺出土的"白庚"陶铭、建平水泉遗址出土的"阳安"铭陶罐、葫芦岛郇集屯古城出土的"且虑"陶铭（采集有"临屯太守章"封泥）[23]，陶铭体例基本一致，都在地名后加"都"字，是战国时期城邑的单位名称，西汉柳城源于战国时期就已设立的"西城都"。

安杖子古城址位于凌源县城西南4千米，大凌河南岸九头山下的平坦台地上。整个城址文化层堆积分属三个不同时代，即夏家店上层文化、战国时代和西汉时期。从地表采集的遗物观察，古城址没有晚于西汉时期的文化遗存。陶片刻有"石城""城"等，共出土汉代封泥19方，涉及的地名有"白狼""广城""廷陵""无终""昌城""泉州""当城""夕阳"等，除泉州、当城分属渔阳郡和代郡外，其余皆属右北平郡。封泥形状有的正方，有的略圆，侧面稍有倾斜。从封泥四周仔细观察皆可看到盖章时留下的指纹，背面有马鞍式凹槽，槽内印有横竖交叉的竹木纹理和粗细绳纹之痕迹。多数为褐色，少数为土黄色。用细腻黏土制成，质地较坚硬。封泥是地方政权机构之间公函来往的凭证，其中18方封泥皆集中在H4中，说明该灰坑附近可能有官署类建筑。秦汉时期，由于征伐匈奴，凌源安杖子一带便成为军事交通重镇。安杖子古城址靠近大凌河谷，战略地位十分重要，是扼守燕山的门户。这次古城址考古发掘出土的多件陶器口沿和器底刻有"石城"两字陶文印记，而十几方封泥中唯独不见"石城"看，安杖子古城址应为右北平郡的石城县[24]。

四 碑石

辽宁历史悠久，各地遗存中有大量石刻，是一批珍贵的地方史料。辽宁地区所存碑志的地域特征是：隋唐墓志均出自朝阳，辽代墓志则多出自朝阳、阜新、北票、法库兼及各地，明清时期的墓志、墓碑与庙碑则多出自辽东的辽阳、鞍山、沈阳和辽西的锦州、兴城、北镇等地。这些石刻从不同侧面反映了辽宁地区的历史民族风情与各民族的经济、政治、文化的交融，展示各民族对开发辽宁、巩固祖国的东北边疆所做出的历史贡献。这些石刻的文字，校正了过去面世的许多辽宁石刻著录的疏误，而且在石刻内容的时空上，也填补了许多空白。

此外，中华人民共和国成立前出土于河南、河北、吉林等省，现收藏于辽宁省博物馆的石刻中，河南洛阳邙山出土的北魏元氏皇室子孙的墓志和河北磁县出土的东魏、北齐王侯、幕僚的墓志，可补《魏书》《北齐书》记载之阙。

辽宁石刻见之于著录首推《盛京通志》，其中收录的石刻有29通，均为清初开国帝王、重臣的墓道碑；民国二十年（1931年）纂修的《奉天通志》"金石志"中，收录的石刻263通。这些石刻年代最早的是三国曹魏正始三年的"毌丘俭丸都纪功碑"、东晋义熙十年的"高句丽好大王碑"、南北朝时期北魏太和二十三年的"营州元景造像记"和景明三年的"昌黎韩贞造像记"，所收石刻多为庙碑、墓碑及其他杂碑。元景造窟题记魏碑体，被康有为誉为"元魏诸碑之极品"。梁启超《魏元景造像残石跋》称其"书由八分蜕入今楷，痕迹尽化，而神理固在，天骨开张，光芒闪溢"[25]。

本书收录的碑石以石经残字为主，东汉灵帝熹平四年（175年），议郎蔡邕等上奏要求正定经书文字，经汉灵帝准许，由蔡邕用隶书写《周易》《尚书》《春秋》等于石上，镌刻后立于京都洛阳的太学门外，作为官方的经书用字标准。馆藏的一批汉和三国曹魏三体石经残字，内容多是十三经中诸如《诗经》《易经》《论语》《左传》等的残章片句，字体变化多端，从中反映着篆、隶、楷体的演变与交融、发展与成熟、定型诸迹象，从书法的角度演绎着历史的进程。

魏晋十六国时期活动于辽西地区的慕容鲜卑等都没有本民族的文字，辽西地区这一时期通行的文字是汉字。由于文字在社会上的广泛应用，各类字体的使用也有一定的范围，如篆书用于印章，隶书用于铭石，行书用于尺牍，缪篆用于符信等。目前掌握的这一时期文字资料均为考古所得，有印章、陶瓦文、铜器铭刻、砖石墓表、壁画题记五类，分散收藏于辽宁省博物馆及朝阳博物馆、锦州市博物馆。

印章有"殿中都尉"鎏金铜印[26]、前燕"奉车都尉"银印[27]，以及北燕冯素弗墓出土的"范阳公章"金印、"辽西公章"鎏金铜印、"大司马章"鎏金铜印、"车骑大将军章"鎏金铜印[28]。"奉车都尉"银印，篆书规范、工整；即便像冯素弗墓出土的急就而成、专为殉葬所用的明器印，尽管字迹潦草，刻工粗糙，但也是采用篆书，以示庄重。

陶瓦文如北票喇嘛洞墓地出土的一件陶罐底部有隶书"甫车"[29]，北票金岭寺建筑址出土的一件残筒瓦背上隶书"令使"[30]，朝阳北大街出土的一件陶瓮肩上有行书"太平十一年四□孙龙造□匠□□"[31]。铜器铭刻如北票喇嘛洞墓地出土的一件铜器口沿外侧，隶书"元康三年三月洛阳冶造三升铜鍸镂重二斤第一"[32]。

朝阳县姚金沟村发现的崔遹墓表均竖刻隶书，一为"燕建兴十年昌黎太守清河武城崔遹"三行15字，一为"燕建兴十年昌黎太守清河东武城崔遹"[33]。锦州市区一座砖室墓的李廆墓表，在一整块绳纹砖上刻楷书"燕国蓟李廆永昌三

年正月廿六日亡"三行15字[34]。

普通工匠所刻之"甫车"、瓦背所刻"令使"、前燕的袁台子壁画墓墨书题记、前燕的铜器铭刻与更晚些的后燕崔遹墓表都为隶书，而东晋初年的李廆墓表则是楷书写法为主，北燕工匠在陶瓮上的刻款则都是行书。可见西晋三燕时期辽西地区也是篆、隶、楷、行诸体并行，而且不晚于东晋初年，新体的楷书就已经在辽西地区流行了，发展到北魏时期的刘贤墓志，一般认为是北朝隶书的代表作品，在中国古代书法史上占有重要的地位。但也有学者从墓志叙述世系的方式、避讳、书法及文辞风格等方面，认为这是一方书写、刊刻于唐代的墓志[35]。

综上，辽宁省博物馆馆藏铭刻于青铜器、封泥、砖、瓦、碑石等各类载体上的文字，无论是辽宁本地区出土文物，还是传世文物，其丰富的文字资料，及其蕴涵的历史信息，都有待于综合的整理与研究。本书抛砖引玉，期待以比较全面的资料展示，为广大学者提供清晰的一手材料。

注释

① 徐秉琨、孙守道：《东北文化——白山黑水中的农牧文明》，上海远东出版社、商务印书馆，1998年，第55~57页。

② 辽宁省博物馆、朝阳地区博物馆：《辽宁喀左县北洞村发现殷代青铜器》，《考古》1973年第4期。

③ 热河省博物馆筹备组：《热河凌源县海岛营子村发现的古代青铜器》，《文物参考资料》1955年第8期。

④ 徐秉琨、孙守道：《东北文化——白山黑水中的农牧文明》，上海远东出版社、商务印书馆，1998年，第69页。

⑤ 中国大百科全书出版社编辑部等：《中国大百科全书·考古学》，大百科全书出版社，1986年，第248页。

⑥ 喀左县文化馆、朝阳地区博物馆、辽宁省博物馆 北洞文物发掘小组：《辽宁喀左县北洞村出土的殷周青铜器》，《考古》1974年第6期。

⑦ 王绵厚：《东北亚走廊考古民族与文化八讲》，黑龙江人民出版社，2017年，第40~45页。

⑧ 张震泽：《燕王职戈考释》，《考古》1973年第4期。

⑨ 旅顺博物馆报导组：《旅大地区发现赵国铜剑》，《考古》1973年第6期。

⑩ 许明纲、于临祥：《辽宁新金县后元台发现铜器》，《考古》1980年第5期。

⑪ 许玉林、王连春：《辽宁宽甸发现秦石邑戈》，《考古与文物》1983 年第 3 期。

⑫ 董珊：《论春平侯及其相关问题》，《考古学研究（六）——庆祝高明先生八十寿辰暨从事考古研究五十年论文集》，科学出版社，2006 年。

⑬ 井中伟：《由曲内戈形制辨祖父兄三戈的真伪》，《考古》2008 年第 5 期。

⑭ 熊长云：《秦诏铜箍残件与秦桶量之复原——兼论桶量与斛量之更替》，《故宫博物院院刊》2017 年第 3 期。

⑮ 罗振玉：《雪堂类稿》丙卷《金石跋尾》，辽宁教育出版社，2003 年，第 53 页。

⑯ 刘宁：《对几面金代牌子的认识》，《辽海文物学刊》1995 年第 1 期。

⑰ 辽宁省文物普查训练班：《一九七九年朝阳地区文物普查发掘的主要收获》，《辽宁文物》第 1 期，1980 年。

⑱ 孙国平：《朝阳新荒地隋韩暨墓清理简报》，《辽宁文物》第 1 期，1980 年。

⑲ 辽宁省博物馆文物队：《辽宁朝阳唐左才墓》，《文物资料丛刊》（6），文物出版社，1982 年；王金铲：《唐左才墓志析》，《北方文物》1992 年第 2 期。

⑳ 朝阳地区博物馆：《辽宁朝阳唐韩贞墓》，《考古》1973 年第 6 期。

㉑ 王连龙、丛思飞：《唐代〈高英淑墓志〉考释——兼论辽西地区高句丽移民问题》，《古典文献研究》2018 年第 2 期。

㉒ 靳枫毅：《西汉柳城故址考辨》，《黑龙江文物丛刊》1982 年第 3 期。

㉓ 徐秉琨：《辽宁发现战国陶铭四种考略》，《辽海文物学刊》1992 年第 2 期。

㉔ 辽宁省文物考古研究所：《辽宁凌源安杖子古城址发掘报告》，《考古学报》1996 年第 2 期，图版拾叁。

㉕ 金毓黻：《东北文献征略》卷四《金石》第三下，梁启超：《饮冰室合集》第十五册之四十四（上）第 70 页。以上均转引自刘建华《义县万佛堂石窟》，科学出版社，2001 年，第一章注 14、15。

㉖ 陈金梅：《北票发现"殿中都尉"印》，《辽海文物学刊》1996 年第 2 期，第 122 页。

㉗ 田立坤：《朝阳前燕奉车都尉墓》，《文物》1994 年第 11 期。

㉘ 黎瑶渤：《辽宁北票县西官营子北燕冯素弗墓》，《文物》1973 年第 3 期。

㉙ 辽宁省文物考古研究所、朝阳市博物馆、北票市文物管理所：《辽宁北票喇嘛洞墓地 1998 年发掘报告》，《考古学报》2004 年第 2 期。

㉚ 辽宁省文物考古研究所：《辽宁北票金岭寺魏晋建筑遗址发掘报告》，《辽宁考古文集》（二），科学出版社，2010 年。

㉛ 田立坤、刘宁、梁志龙、谭国武：《辽宁文化通史·魏晋南北朝隋唐卷》，大连理工大学出版社，2009 年。

㉜ 刘宁：《记喇嘛洞出土的一件元康三年"铜鍂镂"》，《辽宁考古文集》（二），科学出版社，2010 年。

㉝ 陈大为、李宇峰：《辽宁朝阳后燕崔遹墓的发现》，《考古》1982 年第 3 期。

㉞ 辛发、鲁宝林、吴鹏：《锦州前燕李廆墓清理简报》，《文物》1995 年第 6 期。

㉟ 王连龙、胡宗华：《〈刘贤墓志〉考论》，《中国书法》2018 年第 8 期。

第一章

铜器

（一）出土铜器

出土铜器具铭文的，以喀左的几处窖藏青铜器为主，分别收藏在辽宁省博物馆、朝阳博物馆、喀左县博物馆及中国国家博物馆，其中以辽宁省博物馆为主。商夒方鼎不仅铭文字数最多，而且是辽宁地区商周时期最大的青铜方鼎；山湾子窖藏出土23件青铜器，其中11件青铜簋，8件有铭文。商末西周之后，辽宁地区出土的有铭青铜器只有零散的兵器。

001
夒方鼎

商

1973年辽宁省喀拉沁左翼蒙古族自治县（以下简称"喀左县"）北洞村二号青铜器窖藏出土

通高51.7、口径40.8×30.5厘米，重31千克

长方鼎，直耳。器腹饰兽面纹宽带及乳丁纹。腹内长壁及内底都铸有铭文，内壁有铭文四行二十四字："丁亥，斌商（赏）又（有）正夒（聂）嬰贝，才（在）穆，朋二百，夒（聂）辰（扬）斌商（赏），用乍（作）母己障（尊）爨（燫）"；内底有铭文四字："亚矣（疑），眔庆（侯）"。

方鼎为铜彝之尊，商王畿之外的大型方鼎，目前仅此一件，铸造精工，纹饰考究，铭文字体清秀，规矩而不呆板。从此鼎造型及铭文可见器主的权势、地位。

著录：

《考古》1974年第6期，第366页，图3.1-2

《集成》2702

《总集》1209

侧面

俯视

足部

内底铭文

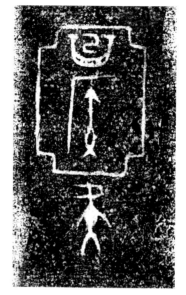

内底铭文拓片

内壁铭文

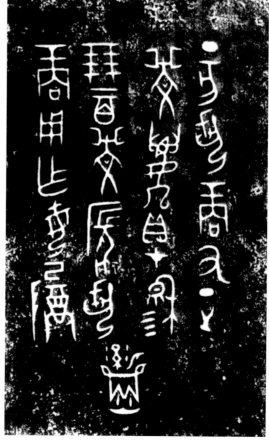

内壁铭文拓片

口内铭文

口内铭文拓片

002

父丁孤竹罍

商末周初

1973年辽宁省喀左县北洞村一号青铜器窖藏出土

高41.1、口径16.8、底径16厘米，重9.87千克

平沿，短颈，圆肩，矮圈足，兽耳衔环。肩饰六个圆涡纹。器口内铸铭文："父丁，叀（孤）竹，亚髟"。字体雄健有力，"叀竹"即"孤竹"，此罍在辽西出土，为考证孤竹国的具体地理位置提供了依据。

著录：

《考古》1973年第4期，第226页，图3.3

《集成》9810

《总集》5559

局部

003

𠭯父辛鼎

西周

1973年辽宁省喀左县北洞村二号青铜器窖藏出土

通高36.2、口径28厘米，重12.4千克

侈口，圆腹，立耳。口沿下饰夔纹，腹饰大兽面纹，有扉棱装饰。器内壁铸铭
文："𠭯，父辛"。器体雄浑厚重、大气，"𠭯"族族徽常见于商周青铜器。

著录：

《考古》1974年第6期，第366页，图3.3

《集成》1651

《总集》0408

内壁铭文

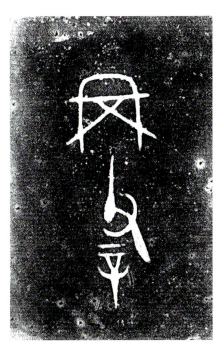

内壁铭文拓片

004
弔尹方鼎

西周

1974年辽宁省喀左县山湾子青铜器窖藏出土

通高21.2、口径17.5×13.4厘米，重4.55千克

体呈长方形，折唇上有拱形立耳，腹下垂，足上粗下细。内底铸铭文："弔（叔）尹乍（作）旅"。此鼎铭文铸于内底，而非器壁，较少见。

著录：

《文物》1977年第12期，第28页，图13

《集成》1925

《总集》0655

内底铭文　　　　　　　　内底铭文拓片

005
何媵妀甗

西周

1974年辽宁省喀左县山湾子青铜器窖藏出土

通高41.2、口径25.1厘米，重5.65千克

大敞口，方唇，索状直耳，足根略大于柱足。口沿下饰兽面纹宽带，款足饰大兽面。口沿下部铸铭文："何媵妀乍（作）宝彝"。当为成王时器。

著录：

《文物》1977年第12期，第29页，图14

《集成》885

《总集》1628

底部

口沿下部铭文

口沿下部铭文拓片

局部

006

伯矩甗

西周

1974年辽宁省喀左县山湾子青铜器窖藏出土

通高41、口径25.5厘米，重5.85千克

索状立耳。口沿下一周雷纹带内饰兽面纹，三袋足上饰兽面。口沿下部铸铭文："白（伯）矩乍（作）宝隣（尊）彝"。与北京琉璃河西周燕墓伯矩器为同宗同祖之器，器主伯矩曾接受过燕侯的赏赐，这是周初封燕，其势力已达长城以北的又一力证。

著录：

《文物》1977年第12期，第24页，图3

《集成》893

《总集》1630

口沿下部铭文拓片

口沿下部铭文

局部

局部

007
倗万簋

西周

1974年辽宁省喀左县山湾子青铜器窖藏出土

通高13.8、口径20.5、底径16.2厘米，重3.23千克

侈口，敛颈，腹微鼓，两兽耳有钩形小珥。口沿下及
圈足饰夔纹，均以细雷纹为地。器内底铸铭文："匐
（倗）万乍（作）义妣（姒）宝隝（尊）彝"。

著录：

《文物》1977年第12期，图版一：4、5

《中国古青铜器选》，第29页，文物出版社，1976年

《集成》3667

《总集》2294

内底铭文　　　　　　　　　　内底铭文拓片

局部

008
亚麋父乙簋

西周

1974年辽宁省喀左县山湾子青铜器窖藏出土

高18.3、口径24.9、底径19.4厘米，重4.16千克

侈口，兽耳带珥。腹饰斜格乳丁纹。器内底铸铭文：
"亚麋，父乙"。

著录：

《文物》1977年第12期，第33页，图56

《综览·簋》一一〇

《集成》3299

《总集》2076

内底铭文

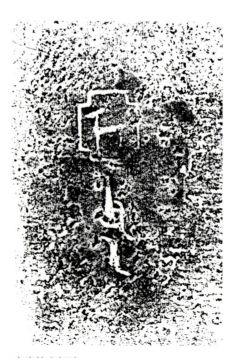

内底铭文拓片

局部

侧面

009
蛮伯簋

西周

1974年辽宁省喀左县山湾子青铜器窖藏出土

高14.5、口径17.3、底径18厘米，重3.12千克

敛口，鼓腹，圈足，两兽耳下有垂珥。颈饰斜角云雷纹，圈足饰目雷纹。器内底铸铭文："蛮（蟺）白（伯）乍（作）宝隬（尊）彝"。

著录：

《文物》1977年第12期，第29页，图15

《综览·簋》二七二

《集成》3526

《总集》2236

内底铭文拓片

内底铭文

局部

010
作宝尊彝簋

西周

1974年辽宁省喀左县山湾子青铜器窖藏出土

高18.1、口径26.4、底径19.9厘米，重4.28千克

侈口，圆唇，兽耳下有钩状小珥。器腹饰雷乳纹。内底
铸铭文："乍（作）宝障（尊）彝"。为西周早期铭文
最后的习惯用语，器形已有向横宽方向发展的趋势。

著录：

《文物》1977年第12期，第29页，图18

《综览·簋》一一六

《集成》3406

《总集》2073

内底铭文

内底铭文拓片

俯视

底部

局部

011

庚父戊簋

西周

1974年辽宁省喀左县山湾子青铜器窖藏出土

高15.5、口径21.9、底径16.6厘米，重3.04千克

圆唇，鼓腹，两兽耳有珥。口沿下及圈足饰两组夔龙纹带，腹饰兽面纹，外底有凸起的兽面纹。内底有"庚，父戊"铭文。

著录：

《文物》1977年第12期，第28页，图12

《集成》3190

《总集》1962

内底铭文拓片

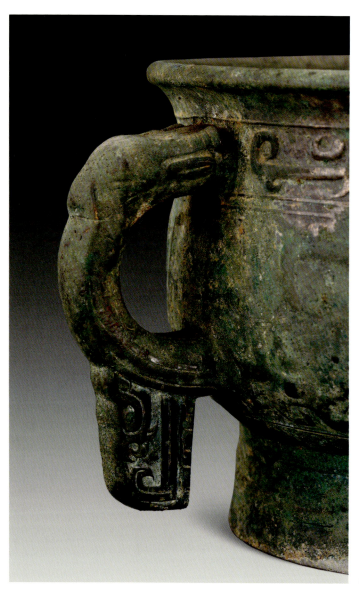

局部

内底铭文

012
鱼父癸簋

西周
1955年辽宁省喀左县马厂沟青铜器窖藏出土
高16.8、口径24.8、底径17厘米，重3.395千克

侈口，圈足。口沿下饰兽首及涡纹带，腹饰雷乳纹，乳
丁突兀。内底铸铭文：“鱼，父癸”。

著录：
《文物参考资料》1955年第8期，图版四
《综览·小型盂》五○
《集成》3216

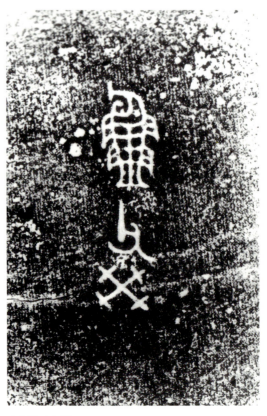

内底铭文　　　　　　　　　　　　　　内底铭文拓片

013
夨簋

西周

1955年辽宁省喀左县马厂沟青铜器窖藏出土

高16.3、口径22.3、底径17.2厘米，重2.65千克

侈口，圈足，兽耳有珥。口沿下饰雷纹地兽首带。内底铸铭文："夨"，《殷周金文集成》释作"夨"，保留早期青铜器铭文的风格。

著录：

《文物参考资料》1955年第8期，图版五：右

《集成》2915

《总集》1762

内底铭文拓片

局部

内底铭文

014
作宝尊彝簋

西周

1973年辽宁省喀左县北洞村二号青铜器窖藏出土

通高24.4、座高10.5、口径21.8厘米，重4.34千克

侈口，圈足，方座，双龙耳有珥。上腹、圈足、方座周边饰夔龙纹。内底有"乍（作）宝陣（尊）彝"铭文。

著录：

《考古》1974年第6期，第366页，图3、4

《综览·簋》一四七

《集成》3409

《总集》2072

内底铭文　　　　　　　内底铭文拓片

015
圉簋

西周

1978年辽宁省喀左县小波汰沟青铜器窖藏出土

通高31.4、宽37.8厘米，重8.45千克

圆体方座簋，器耳上独特的三层动物纹装饰，是北方草原题材与商周彝器风格交融的典范。内底铸铭文："王褰（祷）祜（于）成周，王易（赐）圉（圈）贝，用乍（作）宝隣（尊）彝。"与北京琉璃河燕国墓所出完全相同，是辽西首次发现的有周王和王都记载的青铜器铭文，作器人应是受燕侯赏赐的殷遗。

著录：

《集成》3824

内底铭文拓片

内底铭文

016
作彝簋

西周

1978年辽宁省喀左县小波汰沟青铜器窖藏出土

通高27.2、通耳宽35、口径22、底径18.5×17.7厘米，重
4.38千克

侈口，鼓腹，圈足下有方座，座内悬铃。器身饰兽面纹。
器内底残存铭文"……白（伯）乍（作）彝"三字。

内底铭文　　　　　　　内底铭文拓片

局部

底部

017
鱼尊

西周

1974年辽宁省喀左县山湾子青铜器窖藏出土

高37、口径25.3、底径15.3厘米，重5.24千克

敞口，瘦身，高圈足，形体似觚，体态优雅修长，又
不失高大雄浑，其用途已非一般饮酒之器。圈足内底
铸铭文："鱼"。

著录：

《文物》1977年第12期，第24页，图4

《综览·觚形尊》二

《集成》5589

《总集》4506

内底铭文　　　　　　　　　　　内底铭文拓片

018

舟父甲卣

西周

1974年辽宁省喀左县山湾子青铜器窖藏出土

通梁高33.7、口径14.5×11.4、底径17.8×13.7厘米，重4.72千克

瓜棱形盖钮，提梁两端作羊首形，腹下垂，圈足，器形素朴端庄。器内底
铭文："舟，父甲"，器盖内铭文："车寯，父丁"。

著录：

《文物》1977年第12期，图版一：3

《综览·卣》八八

《集成》5069、4907

《总集》5215、5216

器内底铭文拓片

器盖内铭文拓片

器内底铭文

器盖内铭文

局部

019
史成卣

西周

1955年辽宁省喀左县马厂沟青铜器窖藏出土

通高24.5、口径14.5×11、腹径20.5×16.5、底径16.9×13.2厘米

鼓腹，圈足。纹饰以联珠纹为界栏，提梁饰蝉纹，保留着商代彝器的纹饰特点。器内底及盖内均铸铭文："史成乍（作）父壬障（尊）彝"。

著录：

《文物参考资料》1955年第8期，第22页，图版八

《综览·卣》一四五

《集成》5288

《总集》5394

器内底铭文拓片

器内底铭文

盖内铭文

020
⊕父庚卣

西周

1955年辽宁省喀左县马厂沟青铜器窖藏出土

通高22.7、口径14.5×11.6、腹径25.5×18、底径20.2×16
厘米

鼓腹，圈足，绳索状提梁，失盖。器内底铸有铭文：
"⊕乍（作）父庚畀（尊）彝"。

著录：

《文物参考资料》1955年第8期，第23页，图版九右

《综览·卣》七九

《集成》5213

《总集》5356

器内底铭文　　　　　　　器内底铭文拓片

021
朋父庚罍

西周

1978年辽宁省喀左县小波汰沟青铜器窖藏出土

高44.2、通耳宽44、口径17.9、底径17.4厘米

短颈，鼓肩，腹下收。颈下饰蕉叶纹，肩上有圆形涡纹六个，腹部饰兽面纹、乳丁纹。腹下有兽首鼻钮。口沿内有铭文："朋五夅（降）父庚"。

著录：

《集成》9808

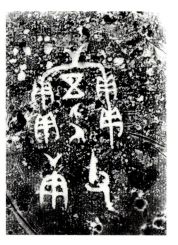

口沿内铭文拓片

口沿内铭文

局部

022
鱼罍

西周

1955年辽宁省喀左县马厂沟青铜器窖藏出土

高40.1、口径18、底径17.9厘米

口较小，硕腹，圈足。肩饰涡纹，有两耳作兽首衔环形。口沿内铸有铭文，已残缺，仅存三字："［父］庚……宝……鱼"。

著录：

《文物参考资料》1955年第8期，第23页

《集成》9791

口沿内铭文拓片

局部

口沿内铭文

023

登卢方罍

西周

1978年辽宁省喀左县小波汰沟青铜器窖藏出土

通高51.3、口径17.3×15.8厘米，重8.21千克

屋脊式盖，四隅出扉棱，双兽耳衔游环。通体饰多
组兽面纹，纹饰繁缛而优美。器盖内铸铭文："彝
（登）卢"，文字笔道圆润，形象生动。

著录：

《集成》9771

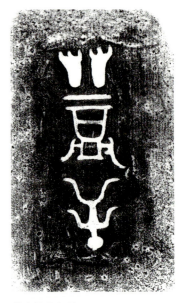

盖内铭文拓片

盖内铭文

局部

024

燕王职戈

战国

辽宁省北票县东官营子出土

通长27、援长18、内长8.8、宽13厘米，重420克

内铸虎纹，胡上铸铭文："郾（燕）王职乍（作）御司马"。器精美，史料价值极高。职在史籍中见于《史记·赵世家》等，即燕昭王，此器铭文为燕在辽宁境内的活动提供了重要物证。

著录：

《考古》1973年第4期，第244页，图2

《集成》11236

《总集》7478

胡上铭文

局部

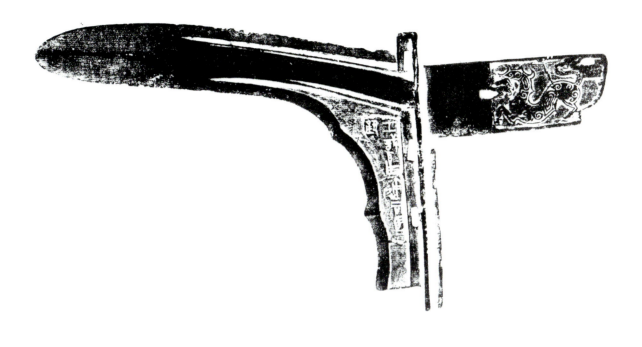

025

启封戈

战国

1975年旅大市新金县元台公社后元台大队出土，旅顺博物馆
拨交

通长24、刃宽2.8厘米，重260克

戈两面刻铭，铭文分别为"廿（二十）一年，攺
（启）畵（封）踹（令）癗（癑）、帀（工师）釤、冠
（冶）者。""启封"。廿（二十）一年为战国魏襄
王二十一年（公元前298年），启封为魏国属地，故城
在今河南开封县南。

著录：
《考古》1980年第5期，第479页，图一：4下
《集成》11306

正面铭文拓片

背面铭文

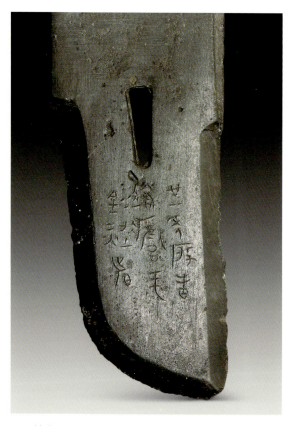

正面铭文

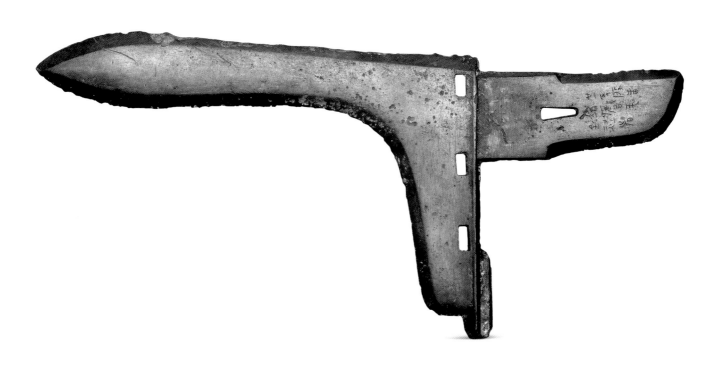

026
铜戈

战国

1966年辽宁省喀左县六官营子南洞沟出土

通长18.8、内长7.3厘米，重180克

援稍上昂，胡上三穿。内较长，内上一穿，一
面铸"×〈"符号。

著录：

《考古》1977年第6期，第374页，图三：2

铭文拓片

027
上郡武库戈

战国

辽宁省凤城县鸡冠山乡白菜地村三道河子出土

援长16.5、内长10.1厘米，重360克

长胡三穿，内有一孔。内两面均刻有铭文，
正面为"……郡……漆工……胡"。背面刻
有"上郡武库"四字。

铭文

028
春平侯铍

战国

1971年辽宁省庄河县桂云花公社岭西大队出土，旅顺博物馆拨交

长28.4、宽3.12厘米，重310克

直刃，平脊，锋为三角形。扁平矩形茎正面刻"三（四）年，桓（相）邦喿（春）平厌（侯）、邦左库帀（工师）长身、冶（冶）匋瀌报齐（剂）"两行十九字，背刻"大攻（工）君（尹）肖（赵）闻"一行五字。

著录：

《考古》1973年第6期，第361页，图版五

《集成》11707

《总集》7734

茎正面铭文拓片

茎背面铭文拓片

茎正面铭文

茎背面铭文

029
郾王喜剑

战国

辽宁省北镇亮甲河岸采集

长26.5、最宽处3.5厘米

短茎，柱脊，窄叶，剑叶下部有两穿。柱脊两侧铸铭
文："郾（燕）王喜忑（铸）□麋□"。

铭文

铭文拓片

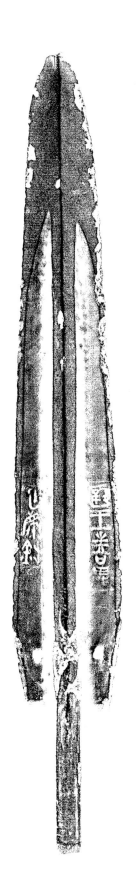

030
元年丞相戈

战国

辽宁省宽甸双山子出土，抗美援朝纪念馆拨交

通长26.5、宽3.6厘米，重410克

长援上翘，三穿，三角形锋，矩形内一穿。正面刻"元年，丞
相庆（"庆"字为吴振武先生释读）造，栎阳左工去疾、工
上"；背面内上刻"武库"，阑下刻"石邑"，笔画极细。从
出土地点分析，宽甸战国时期已为燕境，秦时为其北部疆域和
边防地区。

著录：

《考古与文物》1983年第3期，第22页，图二

《近出》1189

正面内上铭文

正面内上铭文摹本

背面阑下铭文摹本　　　背面内上铭文摹本

031
中平城戈

秦

辽宁省辽阳近郊出土，1962年辽阳市文物陈列室拨交

通长24.5、援长11.8厘米

长胡三穿，内中部一长穿。内上部阴刻"□平□□□"，背面
胡上阴刻"漆垣·□□"。内部尾端残断。

著录：

《集成》10935

背面铭文

（二）传世铜器

馆藏传世有铭青铜器年代从商至金元，以罗振玉旧藏最具影响力，流传有序，且多有著录，如商三勾兵、周鱼鼎匕等。其他如安国侯铜虎符、西汉羽阳宫铜疏枓、西汉建昭三年中宫雁足灯、东汉永兴元年鱼鸟洗、北宋上京大晟南吕编钟，乃至金代的左右宿直将军从人牌子，管中窥豹，小小的文物，都是对不同历史时期社会政治、经济、生活的反映。

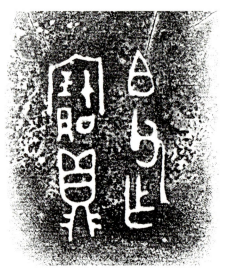

内底铭文拓片

内底铭文

032
伯父鼎

商
传辽宁省阜新地区出土，铁岭市有色金属熔炼厂拣选
通高21.8、口径17.9厘米，重2.14千克

直耳，三柱足，器体雄浑。口沿下饰兽面纹，腹饰斜方格乳丁纹，乳丁圆钝。内底铸铭文："白（伯）父乍（作）宝鼎"。此器自铭为鼎，字体简洁明快。

033

子癸鼎

商

原东北文物管理处拨交

通高20.4、口径15.9厘米，重1.98千克

圆形。口沿下饰夔带纹，腹部饰斜方格雷乳纹，三直足各有垂叶式蝉纹，两直耳外有兽纹。内底伪刻"子癸"款。

著录：

《集成》1317

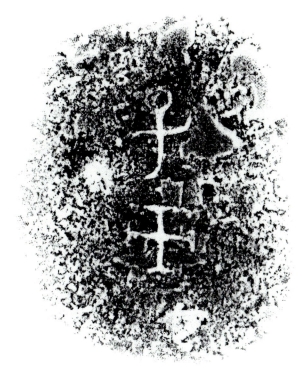

内底铭文拓片

内底铭文

034
父己爵

商
原东北博物馆旧藏
通高22.7、通长17厘米，重830克

高足长身。腹有兽面纹。鋬内有
"父己"二字款。

著录：
《集成》7947

腹部兽面纹及鋬内铭文拓片

鋬内铭文

035

虎爵

商

荣厚旧藏，原东北博物馆藏

通高20.3、口径18.4×8.2厘米，重780克

圜底，牺首式鋬。腹部有细雷纹组成之
兽面纹，鋬内有虎形款。

著录：

《综览·爵》六七

《集成》7508

腹部兽面纹及鋬内虎形款拓片

鋬内虎形款

腹部兽面纹

036
亚父辛爵

商

原东北博物馆旧藏

通高20.7、口径17.7×8.25厘米，重780克

涡纹伞状双柱，牺首鋬。腹部有兽面纹，鋬内有"亚父辛"铭款。

著录：

《三代》一五・二三・五

《续殷下》一四・四

《总集》3896

《集成》8631

腹部兽面纹及鋬内铭文拓片

鋬内铭文

037

子鬼爵

商

1974年从辽宁省文物商店购入

通高19、口径16.2×7.7厘米，重600克

腹部饰细雷纹地兽面纹，尾流有蝉纹，柱顶涡纹。鋬内铸"子鬼"铭文。

腹部兽面纹及鋬内铭文拓片

鋬内铭文

038
戈爵

商

吴式芬旧藏，原沈阳化工研究院张少铭捐赠

通高19.3、口径16.4×7.1厘米，重640克

腹饰兽面纹。鋬内铸“戈”铭文。

著录：

《三代》一五·一一·二

《续殷下》三·九

《攈古》一·一·三七·一

《总集》3242

《集成》7395

腹部兽面纹及鋬内铭文拓片

鋬内铭文

039
鱼父乙爵

商

1989年从辽宁省文物商店购买

通高19.5、存口径15.7×7.4厘米，重590克

腹部饰兽面纹，雷纹地。桥形鋬，鋬内
有"鱼，父乙"三字。

腹部兽面纹及鋬内铭文拓片

鋬内铭文

040

冀父乙瓿

商

罗振玉旧藏

高31、口径16.7、底径9.2厘米，重1.44千克

腹及座饰四脊兽面纹，口为蕉叶纹，均为凸起线阳纹，与一般作法不同。圈足内侧有铭文："冀，父乙"。

著录：

《三代》一四·二四·一〇

《梦续》二十七

《续殷下》四三·九

《通考》酒器瓿项第四著录（图版第560）

《集成》7092

圈足内侧铭文

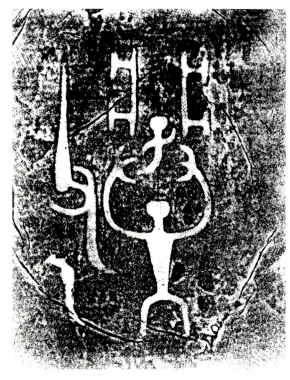

圈足内侧铭文拓片

041
舌觚

商

原东北博物馆旧藏

高28.9、口径16.2、底径9.7厘米，重1.23千克

腹及底座出四扉棱，饰兽面纹，上为蕉叶式蝉纹，腹下有十字透孔。圈足内侧有一字刻款，唐兰先生释为"舌"字。

圈足内侧铭文拓片

圈足内侧铭文

042
妇田瓿

商

原东北博物馆旧藏

高22、口径13.7、底径8.3厘米，重840克

颈、圈足均饰弦纹三道，圈足弦纹中有未透深十字纹
两个，腹部饰兽面纹，上下有窄连环带纹。圈足内侧
有"妇田"铭。

著录：

《三代》一四·二一·八

《总集》6039

《集成》6871

圈足内侧铭文

圈足内侧铭文拓片

043

鱼觚

商

原东北博物馆旧藏

高21、口径12.45、底径7.6厘米，重660克

高圈足。腹部有眼目式四瓣花纹。圈足内侧有
"鱼"字铭文。

著录：

《集成》6683

圈足内侧铭文

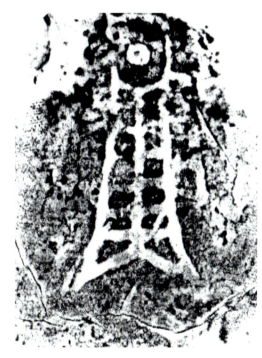

圈足内侧铭文拓片

044

𪊨觚

商

原东北博物馆旧藏

高18.6、口径14.5、底径10.25厘米，重680克

体短而粗，腹部两面起脊。脊旁各有两目形凸起，表
现为一种素兽面纹。圈足内有一阳文铭文。

著录：

《集成》6792

圈足内侧铭文

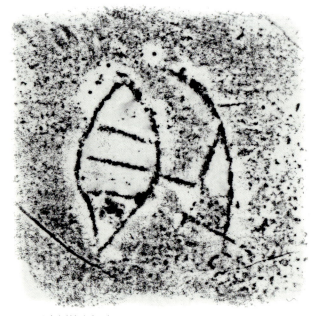

圈足内侧铭文拓片

045
弔龟瓠

商
罗振玉旧藏
高21.3、口径12.8、底径8.6厘米，重710克

底足及腹部有简单粗犷的兽面纹。圈足内有铭文：
"弔龟"，唐兰先生释读为"昆龟"。

著录：
《三代》一四·二一·一二
《贞图上》五二
《续殷下》四二·四
《总集》6042
《集成》7058

圈足内侧铭文

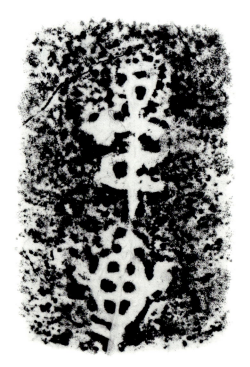

圈足内侧铭文拓片

046
央觯

商

原东北博物馆旧藏

通高29.9、口径17.3厘米，重2.67千克

侈口，圆腹，柱形钮。钮上有三角式蝉纹装饰，颈饰
夔纹带。内底铸铭文："央"。"央"为氏族族徽，
"央"族在商代已有，延续到西周乃至春秋，所制铜
器存世较多。

著录：

《三代》一三·四八·三

《总集》4264

《集成》9155

内底铭文

内底铭文拓片

047

并尊

商

原东北博物馆旧藏

高17.5、口径17.3、底径12.4厘米，重1.57千克

圆形，侈口，圈足。腹饰兽首弦纹。内底铸铭文：
"䶂（并）乍（作）旅彝"。"䶂"族族徽在商代青
铜礼器中较少见，此器文辞言简意赅，显示出早期青
铜器铭文的风格。

著录：

《尊古》一·三三

《集成》5770

内底铭文

内底铭文拓片

048
作□从彝尊

商

原东北博物馆旧藏

高25.7、口径19.3、底径13.8厘米，重2.73千克

侈口，腹部稍凸起，圈足。足部有兽面纹两
道，雷纹地，制作较工整。内底铸铭文："乍
（作）□从彝"。

内底铭文拓片

内底铭文

049

子父庚卣

商

原东北博物馆旧藏

通梁高18.7、口径9.8×7.8、底径9.4×12.4厘米，重1.74千克

椭圆形，圈足，绳索状提梁，上有盖。口边有雷纹带，中加
兽面纹。盖内及器内底有"子父庚"三字款。

著录：

《三代》一二·五三·三、四

《贞补中》四·一至四

《总集》5056

《集成》4969

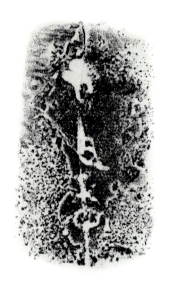

盖内铭文拓片　　　　　　　　　　　器内底铭文拓片

盖内铭文　　　　　　　　　　　　　器内底铭文

三 勾 兵

大祖日己戈、祖日乙戈、大兄日乙戈，共三戈，为商代北方侯国之器，三器成一组传世至今，作器者先君的庙号天干前皆有"日"字，在殷墟卜辞中少见。三世之名先后并列，铭文倒书，不仅印证了《尚书·顾命》记成王崩、康王继位之事云"四人綦弁，执戈上刃"的记载，而且对研究商代亲属称谓和宗法制度有着重要价值。

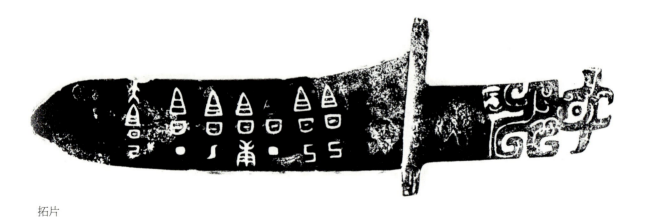

拓片

050
大祖日己戈

商
传河北省易县出土，罗振玉旧藏
通长27.53、宽4.29厘米，重250克

铭文："大且（祖）日己/且（祖）日丁/且（祖）日乙/且（祖）日庚/且（祖）日丁/且（祖）日己/且（祖）日己"。

著录：
详见附文《商三勾兵研究及著录》

051

祖日乙戈

商

传河北省易县出土，罗振玉旧藏

通长27.63、宽4.2厘米，重260克

铭文："且（祖）日乙/大父日癸/大父日癸/中
（仲）父日癸/父日癸/父日辛/父日己"。

著录：

详见附文《商三勾兵研究及著录》

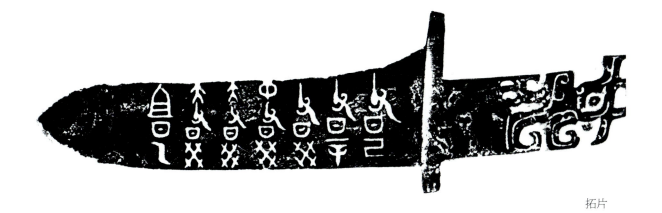

拓片

052
大兄日乙戈

商

传河北省易县出土，罗振玉旧藏

通长26.13、宽5.1厘米，重275克

铭文："大兄日乙/兄日戊/兄日壬/兄日癸/兄日癸/兄日丙"。

著录：

详见附文《商三勾兵研究及著录》

拓片

053
夸戈

商

传安阳出土，王辰旧藏，原东北博物馆藏

均通长36.4厘米，刃宽分别为7、7.05厘米，重分别为330、340克

形制、纹饰基本一致。铭文："夲（夸）"。字边有装饰，铸造精美而独具匠心，阑侧和内部均无穿，且两件成一组，显非寻常之兵，应是仪仗用器。

著录：

《三代》一九·一三·二

《续殷下》八五·二

《十二·贮》二六·一

《邺初下》一

《总集》7313

《集成》10658

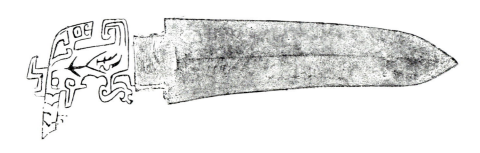

拓片

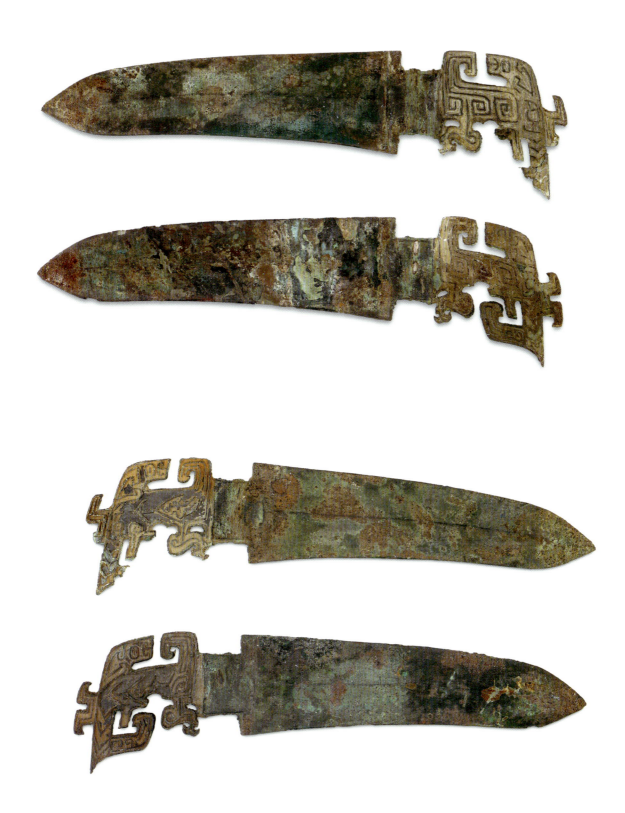

054

父辛鬲

西周

1989年从辽宁省文物商店购买

通高15.4、口径12.5厘米，重840克

体呈三角形，敞口，立耳，三足。颈部有一周简易的兽面纹带，兽面仅有双目及中隔线，无底纹。口沿下有"父辛"两字。

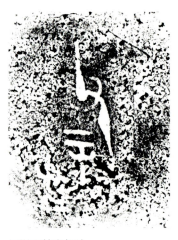

口沿下铭文拓片

口沿下铭文

内壁铭文

·055
大作鬲

西周

罗振玉旧藏，原东北博物馆藏

通高15.9、口径14厘米，重1.08千克

口稍侈，分裆柱足，两直耳。器内壁有铭文：
"大乍（作）甗宝隣（尊）彝"。

著录：

《三代》五·一八·二

《贞续上》二五·三

《双吉上》九

《综览·鬲》二四

《集成》540

《总集》1401

内壁铭文拓片

内底铭文

内底铭文拓片

局部

056
鱼簋

西周

罗振玉旧藏，原东北文物管理处拨交

高14.5、口径20.3、底径16厘米，重2.82千克

圆形，侈口，圈足，两侧兽首耳有珥。口
沿下及圈足处饰雷纹地夔带纹。内底有铭
文："鱼"。

著录：

《三代》六·二·三

《贞松》四·二二·一

《贞图上》二九

《续殷上》三二·四

《综览·簋》一三八

《集成》2982

《总集》1681

057

父癸簋

西周

原东北博物馆旧藏

高13.5、口径19.4、底径15.2厘米，重1.56千克

圆形，侈口，圈足，两侧兽首耳有珥。口沿下饰涡
纹，间饰兽首，器腹饰直线纹，足有兽面纹。内底有
"父癸乍（作）父癸宝隣（尊）彝"伪刻辞两行，圈
足内有旗帜形字。

内底铭文

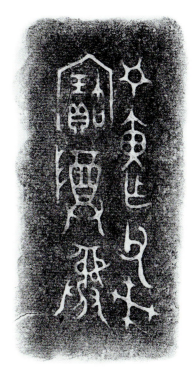
内底铭文拓片

058
作宝尊彝簋

西周

传辽宁省锦州地区出土，铁岭有色金属熔炼厂拣选

高14.5、底径15.5厘米，重2.05千克

圆身侈口，高圈足，两兽首耳有珥。腹饰变
形卷体夔纹，圈足有夔龙纹带，皆有细雷纹
地。内底刻铭文："白（伯）乍（作）宝隋
（尊）彝"，一说铭文系伪刻。

内底铭文

内底铭文拓片

059
伯梳虘簋

西周

原东北博物馆旧藏

通高27.5、口径22.3、底径24.8厘米，重9.3千克

子母口，三兽足，兽首耳有珥。腹饰窃曲纹及瓦沟纹。盖内、器内底铸铭文："白（伯）梳虘肇（肇）乍（作）皇考剌（烈）公障（尊）殷（簋），用言（享）用孝，万年釁（眉）寿，眈（畯）才（在）立（位），子子孙孙永宝。"器自铭为殷（簋），文辞极尽能事，淋漓尽致地反映了器主"万年眉寿""子孙永宝"的世俗心态与追求。西周晚期器。一说铭文系伪刻。盖为宋代补铸，有相同的铭文。

著录：

《集成》4093

盖内铭文拓片

盖内铭文

器内底铭文拓片

器内底铭文

060

姜妇簋

西周

原东北博物馆旧藏

修复前：高13、口径19.3、底径21厘米，
重2.28千克

修复后：高15.8、口径19.3、底径21厘米，
重2.7千克

小口大腹，三兽足。牺首耳有珥，腹
饰窃曲纹、瓦沟纹。内底铸铭文：
"姜妇乍（作）隋（尊）彝"。铭文字
数虽少但简洁明了。西周晚期器。

内底铭文　　　　　　　　　　内底铭文拓片

061

皿爵

西周
1965年辽宁文物商店购入
通高16.7厘米

伞形柱帽，素平鋬。腹部有弦纹
三道。鋬内铸有"皿"字铭文。

著录：
《集成》7605

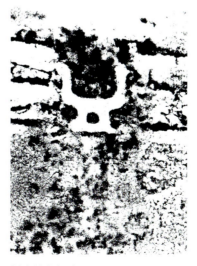

鋬内铭文拓片

鋬内铭文

062
祖庚爵

西周

传辽宁省阜新地区出土，铁岭有色金属熔炼厂拣选

通高20.2厘米，重660克

二柱顶作伞状，旁有鋬，底有三棱足外侈。腹饰兽面纹。鋬内铸有铭文："且（祖）庚"。

著录：

《集成》7861

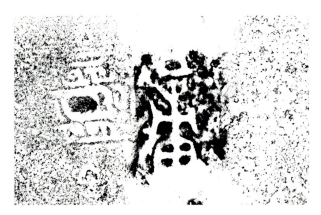

鋬内铭文拓片

鋬内铭文

063

父丁爵

西周

吴式芬旧藏，原沈阳化工研究院张少铭捐赠

通高20.5、口径18.3×7.7厘米，重790克

二柱伞状顶端饰涡纹，三棱足外侈。腹饰雷纹。鋬内有"觚，父丁"铭文。

著录：

《集成》8901

腹饰雷纹及鋬内铭文拓片

鋬内铭文

064

伯貉尊

西周

原东北博物馆旧藏

通高19.6、口径18.2、底径12.9厘米，重1.68千克

圆身，侈口，圈足。腹饰兽首弦纹。内底铸铭文："白
（伯）貉乍（作）宝隣（尊）彝"。

著录：

《集成》5845

内底铭文

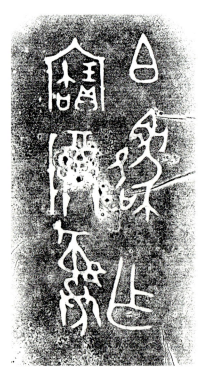

内底铭文拓片

盖内铭文

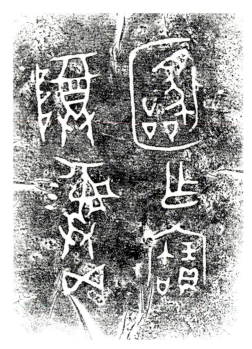

盖内铭文拓片

器内底铭文

器内底铭文拓片

065

畂卣

西周

原沈阳化工研究院张少铭捐赠

通高20、底径11.5×9.5厘米，重1.8千克

有盖，提梁两端作兽首形，下有圈足。口及盖饰雷纹地兽面纹。器
内底及盖内均铸铭文："畂乍（作）宝隩（尊）彝。⋈"。

著录：

《集成》5249

066
鄦子簠

春秋

李泰棻旧藏，原东北博物馆藏

通高14.6、口径24.9×14.7厘米，重2.45千克

器、盖同形，饰细密繁缛的蟠螭纹。盖内、器内底铸铭文："鄦
（邊）子乍（作）鷖（飤）匼（簠），塦为其行器，永寿用。"字
体向修长秀丽方向发展，虽不及战国器铭字体细长而秀美，但已露
端倪。

著录：

《集成》4545

器内底铭文

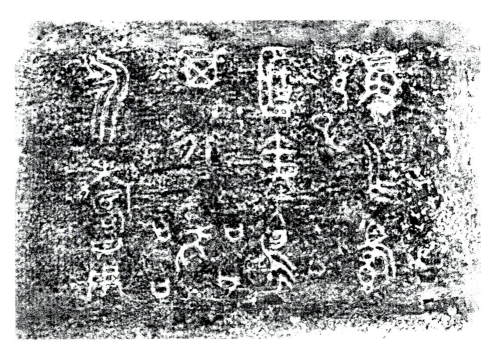

器内底铭文拓片

067
番匜

春秋

王锡棨旧藏，原沈阳化工研究院张少铭捐赠

通高20.4、长36.5厘米，重3.19千克

器内底铸铭文："唯番君肇用士（吉）金，乍（作）自宝匜，其万年，子孙永宝用盲（享）。"此匜为春秋时期较典型而常见的青铜礼器造型，但铭文却具有极高的价值。番公器在河南信阳、固始一带常见，据史料记载，应是楚相孙叔敖后人的封地。

著录：

《集成》10271

内底铭文　　　　　　　　　　　　　　　内底铭文拓片

068
父丁鉴

春秋

1954年购入

高10.5、口径22.4、底径11.7厘米，重1.49千克

一耳残缺，无纹饰。内底有"亚丁癸□丁若父甲戈丁"等字，铭文伪刻。

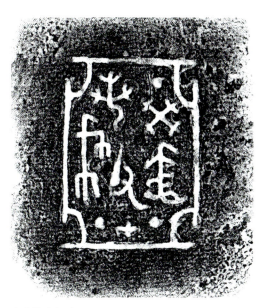

内底铭文拓片

内底铭文

069
虞公白剑

春秋晚期

此剑原藏璜川吴氏，后归奉天杨氏

长47、宽3.95厘米，重620克

剑身狭长，斜收呈尖锐状，剑脊呈直线状隆起。扁
茎，无剑首、剑格。剑身两面各有七个错金嵌红铜的
鸟虫篆书："虞公白罜（择）吉乓（厥）金""其吕
（以）乍（作)为用元鐱（剑）"。从此剑的形式及铭文
看，属"三晋"（赵、魏、韩）之物。山西有一件传世
品其铭文为："虞公用吉金作元用"，与此剑相似。

著录：

《集成》11663

《贞松》一二·一九·三

剑身铭文

070
鱼鼎匕

战国

传20世纪20年代山西浑源出土，罗振玉旧藏

残长18.87、匕径5×3.8厘米，重61.1克

匕体呈浅椭圆形，柄直、细长、扁平、柄首残断。整体错金为文，脱金处露出赤铜色地，铭文残存37字，自正面中间行起读，左行，转至背面，复转正面铭文为"曰：㡀□⌀□匕，述玉鱼鼒（鼎），曰：钦戋（哉）！出游（游）水虫。下民无智（知），参⌀䖵（蛊）蚘（尤）命。帛（薄）命入欶（羹），蒥人蒥出，毋处其所"。

罗振玉《三代吉金文存》谓此匕末端圆而不锐，适于取鱼，当为鱼鼎之匕。李学勤主编的《中国美术全集·青铜器编·下》（文物出版社，1986年）认为匕为小器，有较长铭文，极为珍异。且此匕字体接近山西侯马所出盟书，年代当在春秋战国之际，系晋人之物。

著录：

《集成》980

《三代》一八·三〇·一～二

《贞松》一一·一〇·二

《贞图中》四二

《小校》九·九八

《通考》四一四

铭文拓片

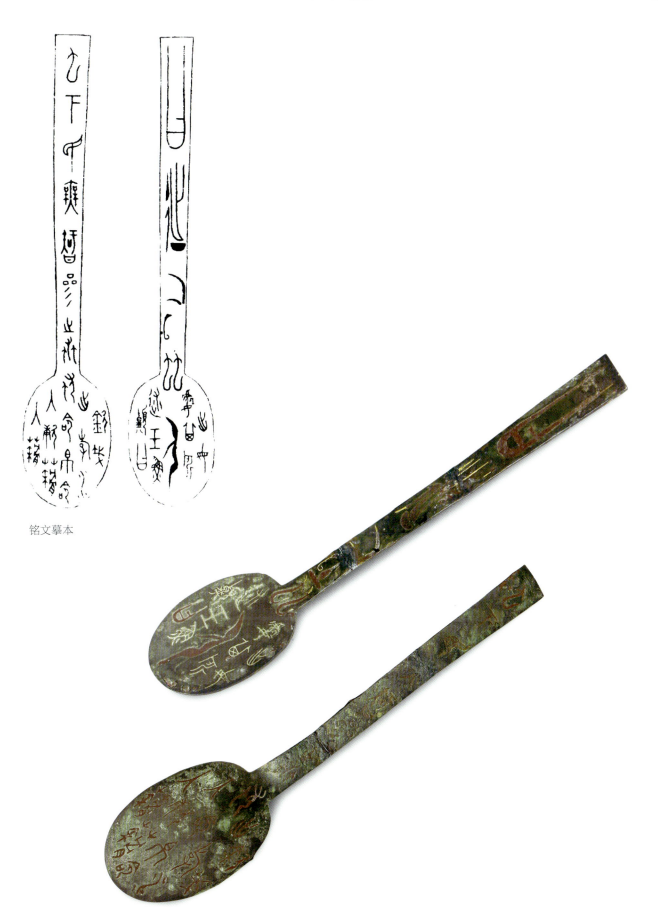

铭文摹本

071
㤭绍夆匕

战国

原东北博物馆旧藏

柄长13.9、勺径12.1×13.4厘米，重500克

勺如簸箕形，圆筒形柄。柄上刻铭文："㤭（冶）絜（绍）夆，陸（陈）共为之。"字架结构随意而合章体，篆隶之味具备而皆佳，犹如楚漆器上飘逸而流动的花纹。

著录：

《集成》978

柄上铭文

柄上铭文拓片

072
三年上郡高戈

战国

1973年辽宁省铁岭有色金属熔炼厂拣选

残长21.7、刃宽3.1厘米，重290克

长援，胡较长，近阑三穿，内一横穿，内残缺一段，刃部
磕伤。内两面刻有文字，一面刻"三年上郡……高……丞
甲……"，另一面刻"徒淫……"。

著录：

《集成》11287

铭文拓片

铭文拓片

拓片

073
郾王喜矛

战国
原东北博物馆旧藏
通长24、宽3.4厘米，重270克

骹部有铭文："郾（燕）王喜惡（铸）仝𫐐（长）
利"。易县燕下都出土"燕王喜"铭兵器甚多，此矛
可作比较资料。

著录：
《集成》11528

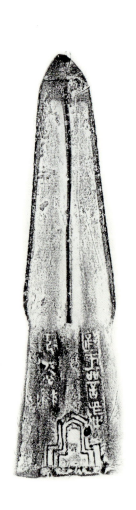

074
郾王矛

战国
原东北博物馆旧藏
通长12.1、刃宽2.3厘米，重50克

菱形双刃直锋，两面高线起脊，后连圆筒形骹，
上下有山状纹。一面有"郾（燕）王詈惡（铸）
□□□"等两行铭款。

李文信先生认为铭疑伪刻。

075

郾王职矛

战国

陈介祺旧藏，原东北博物馆藏

长12.65、宽2.45厘米，重74.2克

中空，圆筒形骹，上有两穿。矛身两面中起线脊，窄叶长锋。一面有铭文："郾（燕）王职乍（作）□鈼"。

燕为战国七雄之一，此矛是燕王督造的兵器。战国的矛一般较细长，燕王矛则较短，铭文字体宽肥，结构格式独特。这为易县燕下都发现有较多的燕王兵器所证明。

著录：

《集成》11516

拓片

铭文　　　　　　　　　铭文

铭文摹本

铭文

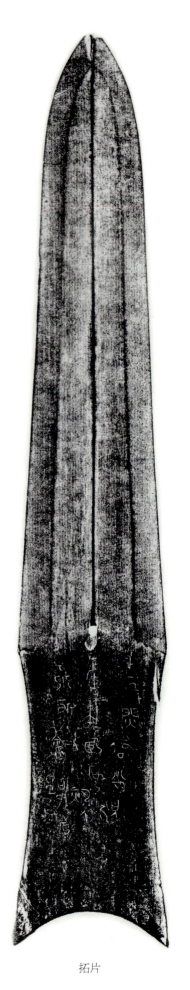

拓片

076
蔺令赵狈矛（十一年蔺令矛）

战国
原东北博物馆旧藏
通长30.4、宽4.7厘米，重460克

骹部有铭文："十一年，閵（蔺）伶（令）
肖（赵）狈（亦可释为"狸"）、下库帀
（工师）臤砥、刃（冶）人参所釙（铸）鋼
者。"此矛大而精美，皮色洁净，矛骹上有
蛇斑纹，文字刻划熟练，含义深广。

著录：
《集成》11561

077

平都矛

战国

原东北博物馆旧藏

长16.1、宽2.85厘米，重120克

矛短骹，椭圆平口，两面中起脊，前锋
尖而薄。矛两面均刻有铭文，一面为
"絫（隰）成（城）、平都"四字，另
一面刻"大陵、□□"四字。此矛为战
国末期器，保存完整光亮。天津艺术博
物馆藏有一件铜器，亦刻有"平都"铭
文。"隰成"，战国时魏地，在今河南
武陟县西南。"平都"，战国时秦地，
据《汉书·地理志》，为上郡属县，在
今陕西安定。该器对历史地理研究有一
定的参考价值。

著录：

《集成》11542

078

鬲矛

战国

原东北博物馆旧藏

残长11、刃宽2.2厘米，重60克

近菱形矛身，后连管状骹，一面有钉孔，下有铭
文："遥鬲"。

著录：

《集成》11476

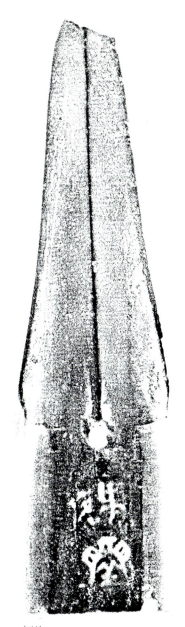

拓片

079

六年铜铍

战国

原东北博物馆旧藏

残长16.3、宽3.1厘米，重160克

铜铍之残段。两面平脊，窄刃长锋。脊上有凿
款两行，存十四字："六年，牆怀佥（令）皋
丝（兹）、帀=（工师）王甚、冘（冶）田报
[齐（剂）]"。一说铭文系伪刻。

局部

080

将军铜镞

战国

原东北博物馆旧藏

长4.65、宽1.27厘米，重17.6克

三棱式。一面有"瘤（将）军"两字款，一
说铭文系伪刻。

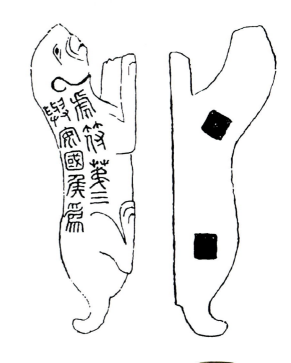

081

安国侯铜虎符

战国

罗振玉旧藏

长7.8、宽2.78、高1.55厘米，重79.5克

仅存右半，呈卧虎形，内壁有榫。虎身上错银铭文："与安国侯为虎符，第三"两行九字。安国，县名，在今河北省中部潴龙河流域，汉时曾置安国县。此符为战国时被封于安国的诸侯所使用的兵符。

著录：

《增订》卷上·符·汉一

《待时轩》汉一

082

盲右库镈

战国

原东北博物馆旧藏

长6.1、孔径3.6×3.8厘米，重80克

椭圆筒形銎，平底，两面有钉孔。一面有"盲右库"款。

083
鄜左车害

战国
原沈阳化工研究院张少铭捐赠
8.15×4.3厘米，重280克

身雕蟠虺纹，完整带辖。辖上刻有铭文两字
"鄜左"，一说铭文系伪刻。

辖上铭文　　　　　辖上铭文拓片

084
三足器座

战国
传甘肃省平凉地区出土，铁岭有色金属熔炼厂拣选
高13.5、口径19.1厘米，重1.4千克

上呈盘状，分四格，中有圆孔，三长足。外沿有
"重五斤十二两"刻款。

外沿处铭文

外沿处铭文拓片

085
王字斧

战国

原东北博物馆旧藏

长9.7、刃宽4.1厘米，重275克

扁方銎，窄刃斧，宽面一侧有菱形孔，
一面有圆孔。下有"王"字阳文款。

086
自作其走钟

春秋

原东北博物馆旧藏

通高26.6、舞径10.4×7.16、口径11.8×8.5厘米，重2.58千克

每面十八乳，螭虺纹。中有铭文："自乍（作）其沃（走）钟"。

著录：

《集成》00007

铭文拓片

087
七年戈

战国

原东北博物馆旧藏

通长24.9、援长14.7、阑长12.6厘米，重280克

内上铸有铭文："七年旻（得）工載、顺
（冶）左自（官）"，文字简洁，笔道虽
浅刻细划，却收放自如，显得熟练而有力
度。文字行距工整，在战国兵器刻铭中应
为精品之作。

著录：

《三代》二〇·二〇·一

《贞松》一二·五·二

《总集》7503

《集成》11271

内上铭文拓片　　　　内上铭文

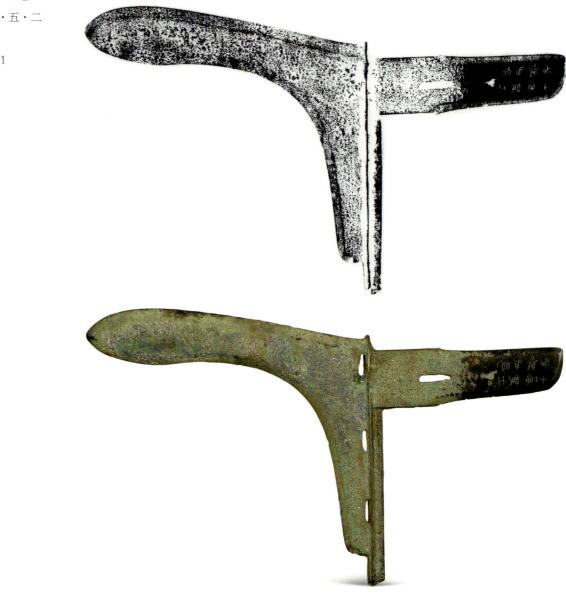

088

右旲□镞

秦

原东北博物馆旧藏

通长5.28、宽1.02厘米，重13.2克

三锋式铜镞，铁铤。一面铸铭文："右旲工"。镞小而具文，阳文小篆工整而圆润，显示出较成熟的书体风格。

089

鎏金铜盖弓帽

秦

原东北博物馆旧藏

通长6、孔径1.6厘米，重20克

整体鎏金。短管形，一面有向上凸起的一个棘爪，名蚤，为马车车盖上的部件；一面铸阳文小篆："贪鼎"。此器时代难以确定，但从文字篆法构架来看，似非战国之物，应是秦书同文之后的产物。

铭文拓片

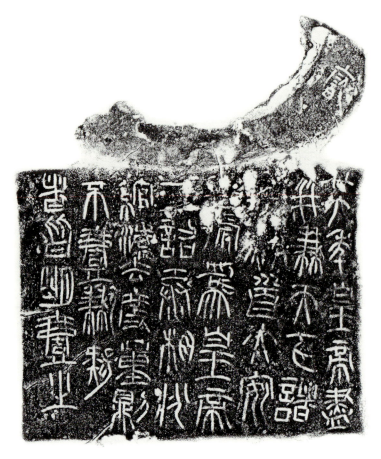

铭文拓片

090
秦权铜诏版

秦

原东北博物馆旧藏

残长10.68、宽9.28厘米，重255克

方形残诏版，上有悬鼻，残。铭文："廿（二十）六年，皇帝尽并兼
天下诸侯，黔首大安，立号为皇帝，乃诏丞相状、绾，法度量则不壹
歉疑者，皆明壹之。"悬鼻上另有一字不识。此类铭文常见于秦度量
衡器之上，此诏文版虽属残器，但字口严谨，篆法深邃。

091
秦始皇诏书八斤铜权

秦

原东北博物馆旧藏

高5.7、底径9.8厘米，重1.8千克

权呈半球状，鼻钮。权身凸铸阳文"八斤"二字，刻秦始皇二十六年诏书14行，文曰："廿（二十）六年，皇帝尽并兼天下诸侯，黔首大安，立号为皇帝，乃诏丞相状、绾，法度量则不壹兼（歉）疑者，皆明壹之。"

铭文拓片

铭文拓片

外足铭文　　　　　外足铭文拓片

092
大官鼎

西汉
传甘肃省平凉地区出土，铁岭有色金属熔炼厂拣选
通高18.5、口径21.8厘米，重3.96千克

子母口，马蹄足，附耳；有盖，上有三环钮。腹有弦纹一道。弦纹下外足上有刻款"大官，一斗半升十二斤十三两异，左中"。盖有裂口，底有修补。

093
元始三年勺

西汉
原东北博物馆旧藏
通长13.2、勺径7.9×7厘米，重90克

簸箕形勺，三棱筒形柄。柄正面刻铭文："元始三年六月造"，文字小而笔道较粗，稚拙而隶书风味尽现。元始为西汉平帝刘衎年号，三年即公元3年。

正面铭文拓片

背面铭文

背面铭文拓片

094

羽阳宫疏科

西汉

罗振玉旧藏

通长36.7、勺径9.7×4.5厘米，重465克

圆勺头，有花形镂孔，剖竹形长柄。勺背刻"扶"字，柄背刻铭文："羽阳宫铜疏科，重一斤十三两。甘露元年，工成彊（强）造，第三。"字体兼具隶书笔意与篆书架构，严谨而不拘泥，工整有体。甘露为西汉宣帝刘询年号，元年即公元前53年。

《汉书·地理志》陈仓县注："陈仓有羽阳宫，秦武王起也。"此器制作于甘露元年，是专为羽阳宫配置的厨具，由此得知汉宣帝时羽阳宫仍未废置。陈仓县为右扶风21县之一，此疏科之"扶"字，即谓右扶风。

095

建昭三年中宫雁足灯

西汉

原东北博物馆旧藏

通高69.4、灯径19.9、擎径4.1、底径21.4厘米，重9.465千克

圆跌，中立直柱，上分三枝，如雁足形，上擎环状灯盘，盘有格分三区。盘外侧刻铭文："建昭三年，考工辅为内者造铜雁足，重十四斤三两，护建、佐博、啬夫福、掾光主，右丞宫令相省。中宫内者第五，故庶。"建昭为西汉元帝刘奭年号，三年即公元前36年。

从其形制和款式看，是西汉元帝建昭年间中宫内府之物。其制者"考工辅"当为汉代督掌中宫器用的官员。按汉制，"考工"属少府之官。考工室为汉代专掌山海池泽之税和宫中器用的内府重臣。见于著录的汉元帝时由"考工辅"督造的中宫器用，尚有竟宁元年（公元前33年）同为"内者造"的另一只"雁足灯"。同样的汉代中宫雁足灯，除建昭三年款以外，见于著录者尚有"元康""竟宁""绥和""永元"等年号，由考工室督制中宫雁足灯，是汉朝的定制。容庚《金文续编》曾著录"建昭三年雁足灯"，铭文与此灯基本一致，只是灯重为"三斤八两"。

灯盘口沿下铭文

灯盘口沿下铭文

灯盘口沿下铭文拓片

底部

俯视

096
夷道官斛

东汉

罗振玉旧藏，1945年散出，1951年由东北博物馆从大连购入并收藏

高24.5、口径35、底径34、柄长8.1厘米，重9千克

原名夷道官量。圆筒形，腰有对称的短柄。腰部饰弦纹三道，正面铸有阳文"夷道官"三字，器底有破孔，实测容积为20300毫升。"夷道"，县名，西汉时置，属荆州刺史部南郡，东汉因之，三国时为蜀宜都郡郡治，唐废。《水经注》卷三十四《江水》云："汉武帝伐西南夷，路由此出，故曰夷道矣。"故城在今湖北省宜都县西北。根据铭文"夷道官"三字，知此斛是夷道县制作，乃是中国古代量器中的一种，与中国国家博物馆藏东汉建武十一年（公元35年）大司农平斛、上海博物馆藏东汉光和二年（公元179年）大司农铜斛，不仅器身弦纹装饰相似，而且在容积上也非常接近，建武大司农平斛的容积为19600毫升，光和大司农铜斛则为20400毫升。由此断定夷道官斛的年代大体在建武大司农平斛与光和大司农铜斛的制造年代之间。在世传的铜斛中，其外壁均镶有检封用的凸起的小方框或"方穴"，唯夷道官斛无；又铜斛铭文一般均为凿刻而成，似此夷道官斛铭文铸造而成者，则属罕见。夷道官斛的流传情况不详，仅见于民国二十四年（1935年）商务印书馆出版的容庚《金文续编》卷二收有此铭文之"道"字，系于汉器铭文"夷道官斛"器名下。

正面铭文拓片

底部

097
永兴元年鱼鸟纹洗

东汉

原东北博物馆旧藏

高22.3、口径47、底径27厘米，重9.3千克

盘口，圆腹，平底，腹饰弦纹、铺首。内底正中铸铭文："永兴元年堂狼造"。铭文两侧鱼鸟纹生动逼真，鱼吐气泡，鸟趾高气扬，线条流畅，一气呵成。永兴为东汉桓帝刘志年号，永兴元年即公元153年。汉堂狼县在今云南省。

内底铭文

内底铭文拓片

内底铭文拓片

内底铭文

098
长宜子孙双鱼纹洗

东汉

原东北博物馆旧藏

高8.3、口径36.1、底径20厘米，重2.13千克

盘口，浅腹。内底正中铸铭文："长宜子孙"，两侧有双鱼，粗线条使文字及纹饰均显古拙可爱，双鱼纹几笔勾勒而成，简洁而具神韵。

内底铭文拓片

内底铭文

099
蜀大吉利双鱼纹洗

东汉
原东北博物馆旧藏
高12、口径32.6、底径17.1厘米，重2.69千克

盘口。腹饰弦纹。内底正中铸铭文："蜀大吉利长留子孙"，两侧有双鱼，文字及双鱼虽用笔简洁，但极深的功力使有限的线条做了最华丽的装饰。

100
官邑家铜铛

汉

辽宁省铁岭市有色金属熔炼厂拣选

通高12.5、口径25、底径15.1厘米，重1.54千克

圆唇，深腹。口沿下饰弦纹，双铺首。内底有铭文：
"官邑家铜铛，容二斗五升，重八斤二两，第六。"

内底铭文拓片

内底铭文

铭文拓片

101
建安弩机

东汉
1970年1月由沈阳化工研究院张少铭捐赠
通长10.68、厚3.3厘米，重870克

铭文："建安廿（二十）二年四月十三日所造，第五百八十，师稽福、郇工常。"字体隶意浓而有致，纪年更为弩机研究资料之所需。建安为东汉献帝刘协年号，廿二年即217年。

102
大晟南吕编钟

北宋

中华人民共和国成立前一直流传在黑龙江省哈尔滨市一带，直到中华人民共和国成立后辗转归入
辽宁省博物馆收藏

通高27.9、口径18.45×14.9、厚0.7厘米，重6.6千克

此钟为镈钟，舞上透雕双龙钮，有铁环鼻，鼓两面铸蟠虺纹，钟身栾边篆带亦为细蟠
虺纹，其间隔以绳纹凸起线，钟枚呈凸起的圆涡状。一面钲间铸"大晟"，一面铸
"南吕中声"篆文，钟唇下边有"上京都僧录官"一行小字刻款。

据铭文可知，此钟是宋徽宗所制新乐——"大晟乐"里的编钟之一。"大晟"是徽宗
创置的掌乐机构大晟府的标记；"南吕中声"指示的是音律高低。"上京"是金代女
真人最初建立的都城会宁府（今黑龙江省阿城县），"都僧录"是当时金代各京的最
高僧政机关。这件铜乐钟对研究宋代音律及铸铜工艺都有很大的价值，同时，从中亦
可窥见仿古乐器的一些情况。

此钟原置于宋汴京皇宫中，靖康二年（1127年），金人破汴京后，被掠运至上京会
宁府，在上京境内的一座佛寺做佛教乐器并被刻上了上京都僧院录事司官押款。

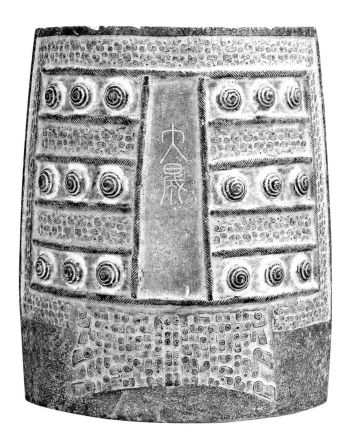

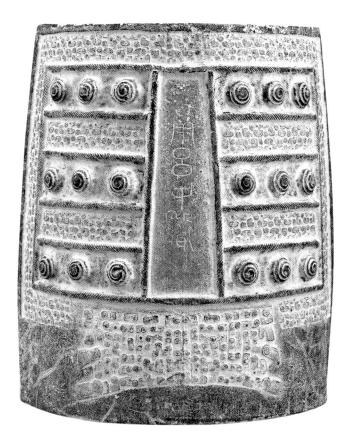

纹饰及铭文拓片

103
契丹文鱼符

辽
辽宁省文物店从朝阳地区征集，1983年入藏
辽宁省博物馆
长6.6、宽2.2厘米，重60克

现仅存一半。此符整体呈鱼形，鱼鳞残
存错金，制作精致。鱼嘴边有一小圆
穿。内有阳文楷书"同"字，下铸契丹
字阴文。鱼符上的契丹文字，罗福成考
证出首字为"天"字，其余字不识。

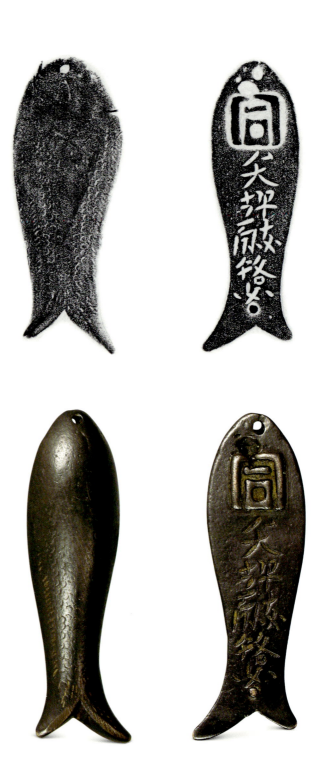

104
西夏文匕首

西夏
原东北博物馆旧藏
长23.1、最宽2.65厘米，重120克

两面漫脊，刃部锋利，柄部中空，一面有凹槽，柄上有两穿，蘑菇状柄首，剑格凸出。柄身有阴刻西夏文 "铁讹"二字。此匕首铸造精致，系仿西汉时期北方民族匕首的样式制造，对了解西夏党项族匕首形制及其仿制技术有一定的研究价值。

105
西夏文牌

西夏

原东北博物馆旧藏

长7.1、宽4.35、厚0.5厘米，重40克

长方牌，下为双偃月边，上有方环鼻皮带孔。

牌面有西夏文 "内宿待命"四字凿款。

106

左右宿直将军司从人牌子

金

原东北博物馆旧藏

长15.1、宽5.3、厚0.4厘米，重150克

长方形，一端有大圆孔。一面铸有"左右宿直将军司"阴文款，款下有同铭篆书阳文印；另一面圆孔下有"奉御"阴文两字，右有"日字第三十二号"，左有"得入第壹重门"阳文款，下端有"从人牌子"两行四字。

107
至正十三年李进忠造铜铧外半范

元

罗振玉旧藏，1963年辽宁省博物馆从旅大市文物店购藏

长43.9、前宽16.5、后宽23.5厘米

此为铧的双合范中的外半范，整体呈楔形，有双榫，中间凹入为铧的一面，下端左边有注铜口。铧呈圆首长身三角形，两翼下垂。铜范两侧有铭款，右为"至正十三年"，左为"李进忠造"阳文楷书，周边有残损。至正是元末顺帝年号，十三年为1353年。此器有年款，时代明确，是研究元代农具铸造的重要资料。

 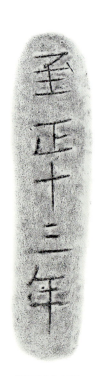 

侧面铭文拓片　　　　侧面铭文拓片

第二章

砖瓦陶铭

（一）出土砖瓦陶铭

秦汉开发东北地区，设置郡县，姜女石遗址出土了大量的秦砖汉瓦，是辽宁秦汉时期考古的特色。秦汉时期陶器上刻划的文字，带有鲜明的地域特征，如有明确出土地点的"柳城""昌平"等，都是考证地望的证史材料。西汉瓦当上的铭文，如安乐未央、千秋万岁等，几乎在汉代的疆域内都有发现。千秋万岁铭文砖、太王陵铭文砖及文字瓦当，都是具有特色的建筑构件。

肩上铭文

肩上铭文拓片

108
"酉城"款陶壶

战国
1981年辽宁省朝阳市袁台子战国墓出土
通高25.5厘米

灰陶。大口叠唇，束颈，球腹，圜底。有绳纹。肩上印铭文："酉（柳）城都王勹鍴"。此壶与汉柳城铭陶瓦片同出于袁台子，证明此地在战国时已有"酉城"都邑，至汉时因同音而定名为"柳城"县。

109
"柳王成"款陶拍

西汉

1979年辽宁省朝阳市袁台子腰而营子柳城窑场出土

长9.5、宽7.6、厚5.6厘米

铭文："柳，王成"。袁台子汉代遗址中出土有一百余件带"柳"字铭款的陶瓦残件，从而确定了西汉柳城的具体地理位置。

110

"柳城"款板瓦

西汉

1979年辽宁省朝阳市袁台子腰而营子柳城窑场出土

长20.9、宽11.5、厚1.3厘米

内印绳纹，外印"柳城"阳文。

111

"安平乐未央"瓦当

西汉

1979年辽宁省丹东市九连城瑷河尖汉代城址出土

当径12.2、厚0.3厘米

当面铸阳文"安平乐未央"五字。安平,汉县名,以县名入文者不多见,证明位于鸭绿江入海口附近的瑷河尖古城是汉代辽东郡所属最东部的西安平县。或认为"安平乐未央"是一句吉语。

112

"安乐未央"瓦当

西汉

辽宁省建平县三家子公社西胡台汉城出土

当径16.1、厚3.1厘米

当面文字："安乐未央"，间饰四出卷草纹。

113

"千秋万岁"瓦当

西汉

1955年辽宁省辽阳市北园汉壁画墓封土中采集

当径16.8、厚3.1厘米

当面完整。当面文字："千秋万岁"，间饰双线。

114

"长乐未央"瓦当

西汉

辽南收集

当径15.2、厚1.8厘米

边残。当面文字："长乐未央"。
所谓"辽南"出土遗物，系原东北博物
馆旧藏，已不知更详确的出土地，仅知
是"辽南"出土。

115

"王巨"款陶片

西汉

1955年辽宁省辽阳市三道壕西汉村落遗址8居住
址1层出土

存长14.7、宽12.1、厚0.9厘米

夹砂灰陶。为一陶器器底。篆书阳文："王
巨"二字方印款，共五处，排列无序。

铭文拓片

116

"军厨"款陶瓮片

西汉

1955年辽宁省辽阳市三道壕汉代遗址采集

残长25.5、宽22.5、厚1.1厘米

夹砂灰陶。下有篦纹与人字纹带三周。肩部有篆书
阳文印款："军厨"。汉代驻军掌管饮食者称"军
井""厨兵"。辽阳为汉辽东郡首府襄平，军厨陶片
的出土，有助于了解汉代边防驻军情况。

117
"田龢"款陶片

西汉

1955年辽宁省辽阳市三道壕西汉村落遗址4
居住址B层灰坑出土

残长5、宽4.9、厚1.3厘米

夹砂灰陶器口残片。面有篆书阳文"田
龢"两字方印纹，有边栏。

118
"契"字款陶豆柄残件

西汉

1955年辽宁省辽阳市三道壕西汉村落遗址5
居住址西部灰坑出土

残长7、宽4.7厘米

夹砂灰陶。面印篆书阴文"契"字，有
边栏。

119
"昌平" 款陶罐

西汉

1955年辽宁省辽阳市三道壕西汉村落遗址3居住址3窖出土

高25、口径17.8、腹径24厘米

夹砂红陶。口沿下划"昌平"二字。

铭文拓片

120

"成"字款陶罐

西汉

1955年辽宁省辽阳市三道壕西汉村落遗址5居住址2层出土

高25.5、口径21、腹径29.6厘米

夹砂粗红陶，掺滑石。敛口，深腹，圜底。唇下划
"成"字。

铭文拓片

121

"昌平"款陶器残片

西汉

1955年辽宁省辽阳市三道壕西汉村落遗址4居住址灰坑出土

左：残长8.6、宽6.5厘米

右：残长9~10、宽9厘米

夹砂红陶。均为器口残片，胎粗细不一。口沿下划"昌平"二字。

122
"昌平"款陶器残片

西汉
1955年辽宁省辽阳市三道壕西汉村落遗址5
居住址2层出土
残长19、宽13厘米

夹砂红陶。内印布纹。唇下划"昌平"
二字。

铭文拓片

123
铭文砖

东汉
1972年辽宁省盖县九垅地乡九垅地村汉墓出土
长37、宽32、厚8厘米

长方形青砖。砖一侧竖行阳文反写隶书："叹曰，
死者魂归棺椁，无妄飞扬而无恶，万岁之后，乃复
会。"同墓共出花纹墓砖多种，时代为东汉晚期。

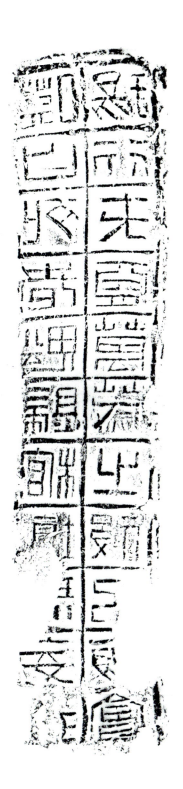

124

"永元十七年"陶案

东汉

辽宁省辽阳市三道壕27号墓出土

长32.5、宽28.5厘米，重1.64千克

细泥灰陶。长方案，四角有四穿。案内划方格两周，
四角有"富""吉""寿"等字；其中划一鱼纹，鼓睛
扬须，似为挣扎在砧板上的待烹之鱼，富有生趣。鱼
纹右侧划"永元十七年三月廿（二十）六日造作瓦案，
大吉，当宜酒肉"二十字。永元为东汉和帝刘肇年号，
十七年为公元105年。

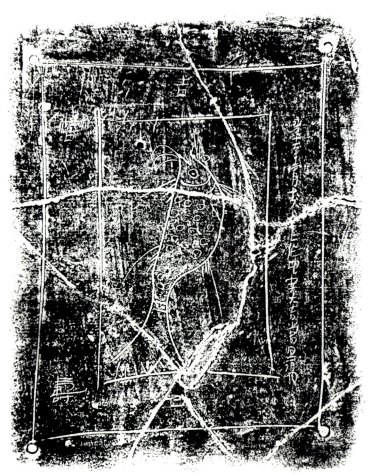

拓片   铭文拓片

125
"千秋万岁"长方砖

南北朝

吉林省集安县千秋墓地采集

长27.2~27.5、宽10.5~11.4、厚3~3.2厘米

灰质板状长方砖。两端有斜头。长边一侧有阳文：
"千秋万岁永固"铭文。

126
"太王陵"砖

南北朝

吉林省集安县太王陵采集

长28.7、宽16.25、厚2.4厘米

灰质板状长方砖，两端有斜头。长边一侧有阳
文："愿太王陵安如山固如岳"。

侧面　　　　　　　　　　　　　　铭文拓片

127
文字砖残块

南北朝

吉林省集安县千秋墓附近出土

大：长14.9、宽10.8、厚3.3厘米

中：长12.2、宽7.6、厚2.8厘米

小：长12.5、宽4.9、厚2.3厘米

共三块，大者上有"千秋万"三字，中残块上有"万岁永"三字，小者残块上有"乾坤相"三字。

128
泰字瓦当

南北朝
吉林省集安市出土
当径14.4、厚1.6厘米

灰色。当面平，饰内向连弧卷云纹，八
等分浅浮雕，中间乳突上有阳文"泰"
字，连弧中有阳文"岁戊戌年造瓦，故
记"8个字，边缘饰三角折线纹。

129

"十谷民造"瓦当

南北朝

吉林省集安市出土

当径存7.5、厚2.3厘米

灰色。当面平，饰四等分内向连弧卷云
纹，边缘饰三角折线纹，连弧内有阳文
"十谷民造"，近中心处有阳文符号。

130

"立位"残砖

唐

黑龙江省宁安东京城出土

长16、宽15.5、厚5.2厘米

阴刻"立位"二字。

131

莲纹方砖残块

唐

黑龙江省宁安东京城出土

大：长34.5、宽21.1、厚6.3厘米

小：长14.2、宽7.3、厚5.8厘米

灰色。莲纹。角端有"典和宅"字。

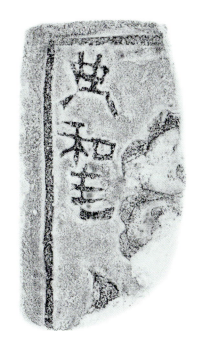

（二）传世砖瓦陶铭

传世有铭砖瓦以汉代为主，主要是铭文砖和陶井栏。"亭长"空心砖、"千秋万世"空心砖，砖体厚重，纹饰精美，亭长似一幅个人的肖像画，千秋万世空心砖将同一种树叶及文字图案，反复连续模印，兼具实用性及艺术性，是汉代难得的珍品。"东井戒火"陶井栏，是中国古代最早的消防图画。

132
有字陶片

战国—汉

长4.5、宽4.5厘米

黑褐陶片，表面有方形阳文字印款，字形待考。为一陶器口沿残存部分。

133
"亭长"空心砖

西汉

辽宁省营口市卢静中捐赠

长22.4、宽20.2、厚15.3厘米

砖体厚重。砖两面印有执旄节的亭长画像，两侧有花纹，纹饰精美，人物形象生动。上有隶书"亭长"二字榜题。

134
"千秋万世"空心砖

汉

辽宁省营口市卢静中捐赠

存长47、宽34.2、厚15.7厘米

砖体厚重。两面均印有"千秋万世"方形印文及"五
铢"古钱纹，排列有序，印文间有树叶等花纹。

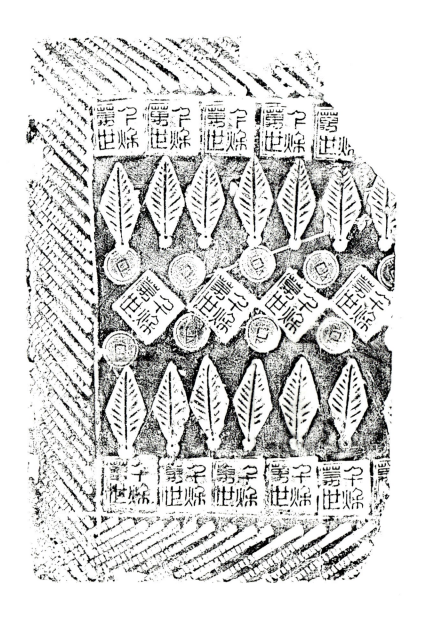

135
"□□牟平"残砖

汉

传山东省蓬莱县城东南80里崮山附近出土，
辽宁省营口市卢静中捐赠

存长21.1、宽13.4、厚6.4厘米

砖一侧上下俱有花纹，中有阳文楷书铭
文："□□牟平"。牟平应为汉代地
名，地望在今山东境内。

136
"玉敷"铭残砖

汉

辽宁省营口市卢静中捐赠

长13.4、宽14.9、厚2.8厘米

砖一侧铸阳文篆书铭文："玉敷塼"。字体
方整精健，篆法严谨。

137

"永元六年"砖

东汉

从上海高其渊、高其进处购买

长31.9、宽14.7、厚6.6厘米

长方形，有榫卯。一侧面印有"永元六
年大岁在午"字及车马人物，一边饰绳
纹。永元为东汉和帝刘肇年号，永元六
年为公元94年。

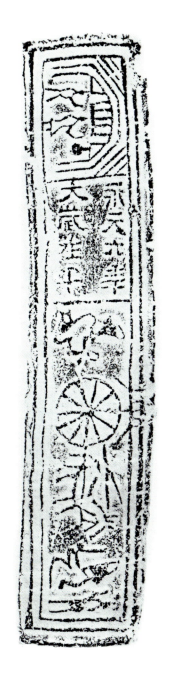

138

"东井戒火"陶井栏

东汉

1953年11月25日原中央社会文化事业管理局拨交

高11.3、口径22.3×15.4厘米

夹砂灰陶。平面呈长方"井"字形立框，上下中空，平沿直壁，栏口有榫眼，四壁均有人、动物装饰。前壁为肩扛"戒火"旗的人物，有"东井""戒火"篆书榜题。后壁为牛饮槽水图案。东井即二十八宿之一的井宿，《史记·天官书》记载"南宫朱鸟权衡，东井为水事"。此器装饰精美，为汉代明器中少见的珍品。

"东井戒火"陶井栏

"东井戒火"陶井栏

139

"常饮食百口宜孙子"陶井栏残段

东汉

原东北博物馆旧藏

长14.9、宽13.4、厚2.8厘米

铭文："常饮食百口宜孙子"。

140

"常饮食百口宜孙子"陶井栏残段

东汉

传山东省营丘故城出土

存长29.1、宽11.3、厚7.6厘米

铭文："常饮食百口宜孙子"。

第二章

封泥

（一）出土封泥

战国时期秦开却胡，设上谷、渔阳、右北平、辽西、辽东等五郡，加强对东
北的管辖。秦汉时期，五郡的设置仍燕国之旧。馆藏出土封泥均出自凌源安
杖子古城址，具有极高的考古学价值，封泥多为右北平郡下辖县，昌城、广城、
夕阳、无终等县，县治多在今河北境内。这些封泥与现已发现的数十座汉代
城址及其遗物一起，是秦汉时期开发东北的历史见证。

141
"白狼之丞" 封泥

秦

1979年辽宁省凌源县安杖子村汉代房址出土

长3.2、宽3厘米

白狼，县名，属右北平郡。《汉书·地理志》："右
北平郡，秦置。莽曰北顺。属幽州。……县十六……
白狼，莽曰伏狄。"颜师古注："有白狼山，故以名
县。"这枚封泥应是白狼县县丞所有。

142

"广成之丞"封泥

秦

1979年辽宁省凌源县安杖子村汉代房址出土

长3.6、宽3.3厘米

广成，县名，属右北平郡。《汉书·地理志》："右北平郡，秦置。莽曰北顺。属幽州。……县十六……广成，莽曰平虏。"这枚封泥应是广成县县丞所有。

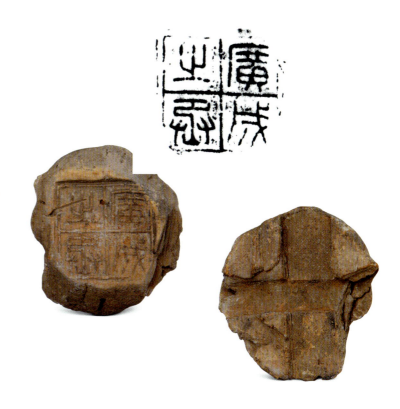

143

"赟丞之印"封泥

秦

1979年辽宁省凌源县安杖子村汉代房址出土

长2.8、宽2.7厘米

赟，县名，属右北平郡。《汉书·地理志》："右北平郡，秦置。莽曰北顺。属幽州。……县十六……赟，都尉治。莽曰哀睦。"赟丞即是赟县的县丞。

144
"昌城丞印"封泥

秦

1979年辽宁省凌源县安杖子村汉代房址出土

长2.8、宽2.7厘米

昌城，县名，属右北平郡。《汉书·地理志》："右北平郡，秦置。莽曰北顺。属幽州。……县十六……昌城，莽曰淑武。"这枚封泥应是昌城县县丞所有。

145
"当城丞印"封泥

秦

1979年辽宁省凌源县安杖子村汉代房址出土

长3、宽2.8厘米

当城，县名，属代郡。《汉书·地理志》："代郡，秦置……当城，高柳，西部都尉治。"颜师古注："阚骃云当桓都城，故曰当城。"

146
"泉州丞印"封泥

秦

1979年辽宁省凌源县安杖子村汉代房址出土

长2.5、宽2.1厘米

泉州，县名，属渔阳郡。《汉书·地理志》："渔阳郡，秦置。莽曰通路。属幽州。……县十二……泉州，有盐官。莽曰泉调。"这枚封泥应是泉州县县丞所有。

147
"廷陵丞印"封泥

秦

1979年辽宁省凌源县安杖子村汉代房址出土

长3.4、宽3.1厘米

廷陵，县名，属右北平郡。《汉书·地理志》："右北平郡，秦置。莽曰北顺。属幽州。……县十六……石成，廷陵，莽曰铺武。"这枚封泥应是廷陵县县丞所有。

148

"夕阳丞印"封泥

秦

1979年辽宁省凌源县安杖子村汉代房址出土

长2.2、宽2.8厘米

夕阳，县名，属右北平郡。《汉书·地理志》："右北平郡，秦置。莽曰北顺。属幽州。……县十六……夕阳，有铁官。莽曰夕阴。"这枚封泥应是夕阳县县丞所有。

149

"无终□□"封泥

秦

1979年辽宁省凌源县安杖子村汉代房址出土

长2.5、宽1.1厘米

无终，县名，属右北平郡。《汉书·地理志》："右北平郡，秦置。莽曰北顺。属幽州。……县十六：平刚，无终，故无终子国。"这枚封泥应是无终县县丞所有。虽封泥已不完整，但可识读有"无终"二字。

150

"□□丞印" 封泥

秦

1979年辽宁省凌源县安杖子村汉代房址出土

长3、宽2.1厘米

151

"□□丞印" 封泥

秦

1979年辽宁省凌源县安杖子村汉代房址出土

长3.5、宽2.2厘米

152
"□□铁丞"封泥

秦

1979年辽宁省凌源县安杖子村汉代房址出土

长1.7、宽2.7厘米

153
"□□□□"封泥

秦

1979年辽宁省凌源县安杖子村汉代房址出土

长1.7、宽2.7厘米

154

"右北□□"封泥

西汉

1979年辽宁省凌源县安杖子村汉代房址出土

长2.6、宽2.8厘米

155

"右北坪宫左"封泥

西汉

1979年辽宁省凌源县安杖子村汉代房址出土

长2.8、宽2.5厘米

"右北坪"也见于战国时期燕国陶文（《古陶文汇编》3·752）。

（二）传世封泥

传世封泥多为原东北博物馆旧藏，入藏时间较早。有官方正式颁发的玺印，也有私家常用的玺印钤出的。封泥的制作及篆刻的艺术水平，和同时期的秦汉印玺一样，具有不寻常的艺术价值，它是古代篆刻艺术十分珍贵的遗产之一。隋唐之后，纸张开始流行，竹牍被纸张取代，青泥则被印色替代。馆藏的唐"梁州都督府进蒜"封泥，墨书梁州刺史、参军等头衔，上押梁州都督府朱印，等同于封泥钤印的作用。

156
"东武丞印"封泥

汉

原东北博物馆旧藏

长2.5、宽2.4、厚1.1厘米，重7.1克

紫泥。封泥圆形，印文不全，背有绳孔。

157

"来无丞印" 封泥

汉

原东北博物馆旧藏

长3.1、宽2.85、厚1.1厘米，重11.2克

紫泥。灰褐色。背有绳纹。"无"字
微伤。

158

"请郭丞印" 封泥

汉

原东北博物馆旧藏

长3、宽2、厚1.19厘米，重4.5克

紫泥。黄红色方印。背有粗绳孔。上部
残缺。

159
"西安丞印" 封泥

汉

原东北博物馆旧藏

长2.48、宽2.34、厚0.75厘米，重3.4克

紫泥。暗黄色，印文清晰，背有绳孔，右侧微伤。

160
"都昌丞印" 封泥

汉

原东北博物馆旧藏

长2.72、宽2.42、厚1.5厘米，重6.5克

紫泥。黑色，印文不全，背有绳孔。

161

"於陵丞印"封泥

汉

原东北博物馆旧藏

长2.8、宽2.6、厚0.9厘米，重8.1克

紫泥。淡紫色，背有绳纹。

162

"临□丞印"封泥

汉

原东北博物馆旧藏

长2.93、宽2.04、厚1.88厘米，重5.3克

紫泥。灰褐色方印，下部残缺，背有
绳孔。

163
"都乡"封泥

汉

原东北博物馆旧藏

长2.95、宽2.65、厚1.05厘米，重8.5克

紫泥。黄色，背有绳结纹，印文不全。

164
"益丞"封泥

汉

原东北博物馆旧藏

长3.2、宽2.8、厚0.9厘米，重7.7克

紫泥。小长方印，背有绳孔。

165

"齐御府丞" 封泥

汉

原东北博物馆旧藏

长3、宽2.05、厚1.05厘米，重5.4克

紫泥。黄色，背有绳结痕。

166

"东安平丞" 封泥

汉

原东北博物馆旧藏

长2.8、宽2.4、厚1.1厘米，重5.6克

紫泥。黑色，背有绳纹。

167
"齐内官丞" 封泥

汉

原东北博物馆旧藏

长3.2、宽2.7、厚1.2厘米，重6.9克

紫泥。褐紫色，背有绳纹。

168
"齐□官丞" 封泥

汉

原东北博物馆旧藏

长3.35、宽2.9、厚0.9厘米，重6.2克

紫泥。紫红色，背有绳结痕，
"齐"字微残。

169

"饶侯相印" 封泥

汉

原东北博物馆旧藏

长2.96、宽2.5、厚0.8厘米，重7.3克

紫泥。方印，背有六道绳纹，一角微伤。

170

"广侯邑丞" 封泥

汉

原东北博物馆旧藏

长3.25、宽2.5、厚1.3厘米，重7.3克

紫泥。方印，印字残缺大部，背有绳结痕。

171

"□□邑印" 封泥

汉

原东北博物馆旧藏

长2.9、宽2.1、厚0.85厘米，重4.1克

紫泥。方印，背有绳痕，大半残缺。

172

"齐哀寝长" 封泥

汉

原东北博物馆旧藏

长3.2、宽2.3、厚0.9厘米，重5.7克

紫泥。方印，文字模糊，背有绳孔，部
分残缺。"哀"字据残存笔画及同文封
泥补出。

173
"长闲尉印" 封泥

汉

原东北博物馆旧藏

长2.35、宽2.04、厚0.9厘米，重3.5克

紫泥。灰色，背有绳纹，上部微缺。

174
"楚永巷印" 封泥

汉

原东北博物馆旧藏

长3.2、宽2.4、厚1厘米，重10.2克

紫泥。

175

"闾丘林印" 封泥

汉

原东北博物馆旧藏

长3、宽2.25、厚0.65厘米，重3.5克

紫泥。方印，背有绳孔。

176

"朱安" 封泥

汉

原东北博物馆旧藏

长3.3、宽2.4、厚1.3厘米，重9.3克

紫泥。

177
"周义" 封泥

汉

原东北博物馆旧藏

长2.7、宽2.65、厚1.2厘米，重6.1克

紫泥。方印，背有绳结纹。

178
"平□丞□" 封泥

汉

原东北博物馆旧藏

长2.93、宽1.94、厚1.42厘米

黑黄泥，残存一半。一说伪品。

179
"吴□来印"封泥

汉
原东北博物馆旧藏
长2.8、宽2.3、厚1.15厘米，重7克

紫泥。灰白色，小方印，背有绳孔及木纹痕迹。

180
"临□丞（？）□"封泥

汉
原东北博物馆旧藏
长2.95、宽1.95、厚1.5厘米，重6.4克

紫泥。灰黄色，方印，四字有缘栏，背有绳孔，残缺大半。

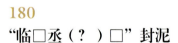

181
"无盐太尉章"封泥

新莽

原东北博物馆旧藏

长2.62、宽2.56、厚0.92厘米，重7.1克

紫泥。灰色方印，背有交叉绳纹。"盐"字
据残存笔画及同文封泥补出。

182

"梁州都督府进蒜"封泥

唐

1924年出土于洛阳

长10、宽9.5、厚1.9厘米，重154.6克

白石灰质，近正方形。正面平滑，底有方格，凹凸不平，显系封于盛蒜之竹篓的遗迹。

面上楷书文字七行："梁州都督府/供进蒜壹□□拾伍□/宣德郎行□□参军事臣□儆/朝议郎守□□臣沈□□/朝请大夫守□□上柱国臣沈字/朝议大夫□别驾□军臣杨□直/□议大夫使持节都督梁州诸军事守梁州刺史上柱国臣□□□"，说明进蒜数量和进供人职衔、姓名。正中稍偏上钤有篆文朱印一方："梁州都督府之印"，唐梁州治今陕西省南郑县，领有南郑、褒城、城固、西等县地。

此封泥曾归罗振玉收藏，其收藏用的蓝色布匣现仍保存。盖内有罗氏题记，首行隶书："唐梁州都督府进蒜封泥"，次为行书："甲子秋洛阳出土，九月朔归雪堂。上虞罗振玉记于津沽寓居之声砚斋。"下钤长方白文"玉简斋"小印一方。

著录：

《待时轩》唐一

《贞图》附录二

罗福颐：《古玺印概论》第102页，文物出版社，1981年。

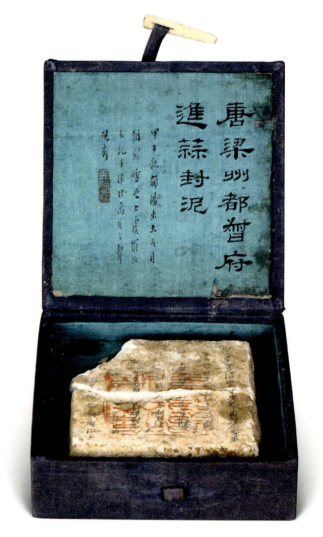

第四章

碑石

（一）东汉石经残字

东汉熹平四年（175 年）开始刻写的儒家经典石刻，历经战乱留存熹平石经残石，另有残石之宋拓片，作为书法珍品备受重视。馆藏的一批东汉石经残字，字数虽然不多，但内容多为十三经中诸如《诗经》《易经》《论语》《春秋》等的残章片句，可做经学研究的补充材料。隶书字体方正，体现了"一体石经"结构的谨严。

183
石经残字

东汉

河南省洛阳市近郊出土，原东北文物管理处拨交

残长15.4、宽9.2、厚4.1厘米，重535克

碑左侧边存十五又二半字，释文："……［十有］……月丙子，季孙［斯］……［邾］子。夏，蔡杀其［大］……［师］伐卫。秋……"。这段文字出自《春秋》哀公第二到五年："三年，秋七月丙子，季孙斯卒……四年，宋人执小邾子。夏，蔡杀其大夫……五年，夏，齐侯伐宋，晋赵鞅帅师伐卫。秋九月……"。

著录：

《汉石经集存》第37页下、图版八五332

184
石经残字

东汉

河南省洛阳市近郊出土，原东北文物管理处拨交

残长7、宽5.95、厚3.2厘米，重192.3克

碑左侧边存五又半字，释文："……齐矦（侯）……
杀其君……"。出自《春秋》文公十四年。

著录：

《汉石经集存》第33页上、图版八五292

185
石经残字

东汉

河南省洛阳市近郊出土，原东北文物管理处拨交

残长9.5、宽4.3、厚6.5厘米，重250克

存三又四半字，释文："……［会晋］……［陈］侯
（侯）、……人、［卫］……齐。……［郜］。……"。

这段文字记载《春秋》文公元年到五年事。

著录：

《汉石经集存》第32页下、图版四三284

186

石经残字

东汉

河南省洛阳市近郊出土，原东北文物管理处拨交

残长11.7、宽6.37、厚3.93厘米，重540克

存七又二半字，释文："维天……肆女（汝）小
［子］……［酒］诰第十［六］……"，系《尚
书·康诰》《尚书·酒诰》之文。

著录：

《汉石经集存》第23页、图版三一217

187

石经残字

东汉

河南省洛阳市近郊出土，原东北文物管理处拨交

残长12.23、宽10.4、厚3.33厘米，重420克

存六又三半字，释文："遂救……月，公
［会］……侁（侯）、宋子……"。这段文
字记载《春秋》僖公六年、七年、九年事。

著录：

《汉石经集存》第31页下、图版四三278

188
石经残字

东汉

河南省洛阳市近郊出土，原东北文物管理处拨交

残长12.8、宽9.8、厚8厘米，重970克

存十三又二半字，释文："［乎］水，……为鸡。……［谓］之长女。……老马，为……马，为善……"。出自《周易·说卦》。

著录：

《汉石经集存》第28页上、图版八三243

189
石经残字

东汉

河南省洛阳市近郊出土，原东北文物管理处拨交

残长8.55、宽8.3、厚2.43厘米，重165克

存五又三半字，释文："［我之］……［夏］曰：博……信［而］……"。出自《论语·子张》。

著录：

《汉石经集存》第54页下、图版八五506.2

190
石经残字

东汉

河南省洛阳市近郊出土，原东北文物管理处拨交

残长11.8、宽6.4、厚9.63厘米，重1.11千克

碑左侧边存六又半字，释文："不［崇朝］。……思伯，使我……"。文字出自《诗经·卫风·河广》《诗经·卫风·伯兮》。

著录：

《汉石经集存》图版八一15.2

191
石经残字

东汉

河南省洛阳近郊出土，原东北文物管理处拨交

残长9.8、宽8.23、厚2.8厘米，重260克

存六又二半字，释文："……［邢（邢）］。秋七月，……［人］氏之丧……"。出自《春秋》僖公元年。

著录：

《汉石经集存》第31页、图版四二275

192
石经残字

东汉

河南省洛阳市近郊出土，原东北文物管理处拨交

残长12、宽6.7、厚8.2厘米，重1千克

存八字，释文："……章四……胶。既……达
兮，……杨（扬）之……"。出自《诗经·郑
风·风雨》《诗经·郑风·子衿》《诗经·郑
风·扬之水》。

著录：

《汉石经集存》第6页上、图版八一30

193
石经残字

东汉

河南省洛阳市近郊出土，原东北文物管理处拨交

残长13、宽12、厚6.4厘米，重1.76千克

存十四又二半字，释文："……［杀］其世……
［郑］良宵、许……朝。秋八月，大……［仲］孙
偈（羯）会晋……"。出自《春秋》襄公第二十六到
二十九年。

著录：

《汉石经集存》第36页上、图版八五318

194
石经残字

东汉

河南省洛阳市近郊出土，原东北文物管理处拨交

残长10.15、宽9、厚5厘米，重810克

碑左侧边存十二又半字，释文："小白入……宋师次……有二年［春］……七月。冬，……"。这段文字出自《春秋》庄公第九、十、十二、十三年："九年，夏，公伐齐，纳子纠。齐小白入于齐……十年，夏六月，齐师、宋师次于郎。……十有二年春，……（十有三年）秋七月，冬，公会齐侯……"。

著录：

《汉石经集存》第30页上、图版八四259

195
石经残字

东汉

河南省洛阳市近郊出土，原东北文物管理处拨交

残长8.1、宽4、厚9.8厘米，重345克

存二又四半字，释文："［勿］……人［用］……晋［如］……［观贞］……"。出自《周易·遁》（卦三十三）、《周易·大壮》（卦三十四）、《周易·晋》（卦三十五）《周易·明夷》（卦三十六）。

著录：

《汉石经集存》第26页上、图版三三236

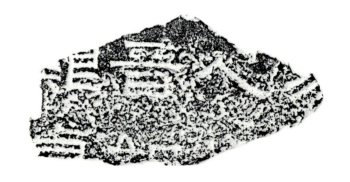

196
石经残字

东汉
河南省洛阳市近郊出土，原东北文物管理处拨交
残长10.5、宽7.5、厚3.2厘米，重370克

碑左侧边存五又二半字，释文："韩皆……有不敛……"。出自《诗经·小雅·大田》："彼有不获稚，此有不敛穧。"

著录：
《汉石经集存》第20页上、图版八一186

197
石经残字

东汉

河南省洛阳市近郊出土，原东北文物管理处拨交

残长10.1、宽7.8、厚4.4厘米，重740克

存七又二半字，释文："……烝徒［增］……东。 至……鲁矦（侯）……［八章］"。出自《诗经·鲁颂·闷宫》。

著录：

《汉石经集存》第15页上、图版二一127

198
石经残字

东汉

河南省洛阳市近郊出土，原东北文物管理处拨交

残长12.2、宽11.8、厚13厘米，重1.94千克

存十八字，释文："不吉……亨。贞吉。利……惕，中吉，终凶。……［上］九：或锡……凶。上六……"。出自《周易·蒙》（卦四）、《周易·需》（卦五）、《周易·颂》（卦六）、《周易·师》（卦七）。

著录：

《汉石经集存》第25页上、图版三四（2-1）228

199

石经残字

东汉

河南省洛阳市近郊出土，原东北文物管理处拨交

残长21.5、宽5.8、厚9.4厘米，重1.77千克

存十又九半字，释文："乐。其—南有 [嘉鱼，烝
然] …… [北] 山有莱。乐旨（只）[君] …… [有
栲，北] ……"。出自《诗经·小雅·南有嘉鱼》
《诗经·小雅·南山有台》。

著录：

《汉石经集存》第8页、图版八一56

200
石经残字

东汉

河南省洛阳市近郊出土，原东北文物管理处拨交

残长6、宽3.4、厚1.9厘米，重40克

存二又二半字，释文："国［之］……［五］
噬"。出自《周易·观》（卦二十）、《周易·噬
嗑》（卦二十一）。

著录：

《汉石经集存》第26页上、图版八三235

201
石经残字

东汉
河南省洛阳市近郊出土，原东北文物管理处拨交
残长6.5、宽3.7、厚5.1厘米，重180克

存十七又七半字，释文："〔济〕。齐……月癸……"。出自《春秋》庄公三十年、三十二年。

著录：
《汉石经集存》第30页下、图版四二271

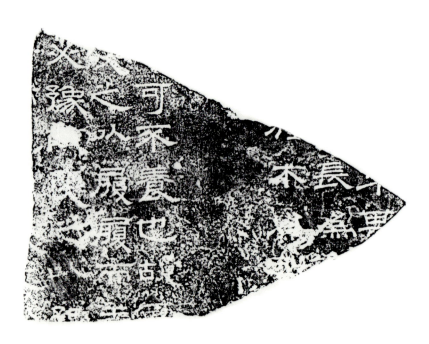

202
石经残字

东汉

河南省洛阳市近郊出土，原东北文物管理处拨交

残长21.2、宽16、厚10.5厘米

存十七又七半字，释文："［曳］。其……长，为……［于］木，为［科］……可不养也，故［受］……［受］之以《履》。履而［泰］……必豫，［故］受之以［豫］。……"。出自《周易·说卦》《周易·序卦》，原文为"物稚不可不养也，故受之以'需'……故受之以'履'，履而泰然后安……有大而能谦必豫，故受之以'豫'……"。

著录：

《汉石经集存》第30页下、图版八四244

203
石经残字

东汉

河南省洛阳市近郊出土，原东北文物管理处拨交

残长10.5、宽7.5、厚3.2厘米，重80克

存三又二半字，释文："公及齐［侯（侯）］……"。出自《春秋》庄公二十三年。

著录：

《汉石经集存》第30页上、图版四—264-1

204

汉碑残字

东汉

河南省洛阳市近郊出土，原东北文物管理处拨交

残长10.7、宽6.9、厚5.5厘米，重440克

碑右侧存八字，释文："尚书令边……□穿
凿饰……"。

205

汉碑残字

东汉

河南省洛阳市近郊出土，原东北文物管理处拨交

残长13.4、宽6.7、厚9.7厘米，重1.32千克

存十又六半字，释文："士刘□……□传桢
论语□……怀疑自□……德□□"。

206

古篆书刻石残字

东汉

原东北文物管理处拨交

残长10.3、宽4.85、厚2.2厘米，重140.5克

长方板状，一面存二行八字，侧面存三字，字为"……夹遒宄……夫臭（睪）宄首……㫪辁（御）夹遒"。

著录：

《贞图下》六一

（二）魏晋碑

辽宁地区的碑刻遗存，早期的很少，以隋唐、辽及明清居多，《盛京通志》《奉天通志》多有著录。毌丘俭纪功碑，是蜚声海内外的关东早期刻石之一，字体系隶书，遒劲古朴，凝重大方，可证史补史。刘贤墓志的年代虽存在争议，但一般认为此墓志对研究辽宁地区的民族关系和早期的书法艺术提供了珍贵资料。

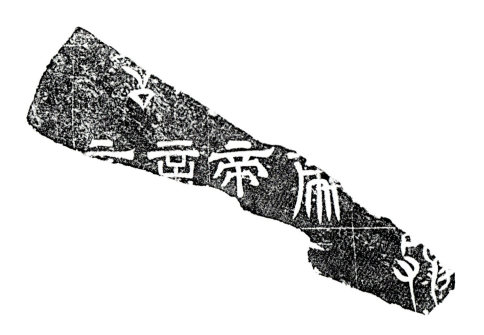

207
三体石经

魏

原东北博物馆旧藏

残长12.3、宽2.9、厚2.75厘米

碑面有方格，存"駁（驭）、帝、帝、言、言、言"等六残字。

著录：

宫万琳：《西晋石经〈尚书〉皋陶谟、益稷残石拓本》，《中原文物》2014年第1期，第94、95页。

208

毌丘俭纪功残碑

三国

清光绪三十二年（1906年）奉天省辑安县县令吴光国主理辑安
（现吉林省集安市）板石岭道路修筑时发现

原归藏张作霖私宅，现藏辽宁省博物馆

残长38.9、宽29.9、厚8.4厘米

正面铭文现存七行："正始三年，高句骊（丽）反……督七
牙门讨句骊（丽），五……复遗寇。六年五月，旋……讨寇
将军、魏乌丸单于……威寇将军、都亭矦（侯）……行裨将
军领〔玄〕……裨将军……"。

背面有民国题记：

"沈阳谈国楫桓同观魏毌丘俭刻高句丽纪功碑，光绪甲辰七月
见于辑安，胜四十八字，越戊午九月归省□，袁金铠识，李
西刻石。"

毌丘俭在《三国志》有传，曾因征讨辽东有干策，被任幽州
刺史加渡辽将军、使持节、护乌丸校尉。后又因征讨公孙
渊平定辽东而进封安邑侯，食邑三千九百户。魏正始三年
（242年），高句丽寇辽东，毌丘俭奏命出兵征讨，悬车束
马，卒屠其城，正始六年五月完胜旋师。此石即为毌丘俭完
胜勒石纪功。碑虽残，仅见七行四十八字，但因其具有重要

历史和文物价值，被誉为不可多得的关东碑铭，金石
瑰宝。

著录：

民国《辑安县志》

王国维：《观堂集林》卷20《魏毌丘俭丸都山纪功石刻跋》

《集安县文物志》

209

刘贤墓志

北魏

1965年朝阳市西上台刘贤墓出土

通高103厘米

墓志呈碑状，具碑首、身、座。碑首正面刻三行六字"刘戍主之墓志"，碑身四面环刻志文，界以棋坪格，共165字，加上题名，总计174字。字体以隶书笔意为主，但变化较多，篆、楷、隶杂糅。墓志记："君讳贤，字洛俟（侯），朔方人也。其先出自轩辕黄帝。下及刘累，豢龙孔甲，受爵于刘，因土命氏。随会归晋，留子处秦，还复刘氏，以守先祀。魏太武皇帝开定中原，并有秦陇，移秦大姓，散入燕齐。君先至营土，因遂家焉。但营州边塞，地接六蕃。君枭雄果毅，忠勇兼施，冀阳白公辟为中正，后为临泉戍主、东面都督。天不弔善，歼此名喆，春秋六十有四，奄致蒁俎（殂）。州间悲廙（痛），镌石文铭。其词曰：'芒乙（茫茫）天汉，胶乙（皎皎）恒娥。呜呼哀哉，渠可奈何！呜呼哀哉！'君息僧沼，州西曹。息多兴，进士、都督。息贰兴，息康仁。孙高和，孙德素，孙法爱。"据考刘贤当葬于北魏文成帝拓跋濬在位（452～465年）期间，为北魏前期的遗物。志文中记载了刘贤的籍贯、官职、生平及其先辈由陕甘迁居"营土"的戍边历程。它对研究北魏早期的书法艺术和辽宁地区的民族关系，提供了宝贵资料。

有学者认为《刘贤墓志》叙述世系方式见于隋唐文献，志文称引及书写不避魏帝讳，书法具有唐代风格，行文中出现"临泉""六蕃""进士"等隋唐文辞，均证明此墓志不是北魏墓志，而是一方书写、刊刻于唐代的墓志。

著录：
曹汛：《北魏刘贤墓志》，《考古》1984年第7期。
《辽宁碑志》
《辽宁省志·文物志》
王连龙、胡宗华：《〈刘贤墓志〉考论》，《中国书法》2018年第8期。

附
文

鸟纹三戈的再研究

◎李学勤

　　辽宁省博物馆收藏的三件鸟纹铜戈，原为罗振玉氏所藏，曾誉之为"天壤间无偶之至宝"[①]。王国维撰文研究，收入其《观堂集林》[②]。三戈拓本著录于《周金文存》《梦郼草堂吉金图》《三代吉金文存》等书，人所习见；照片则过去只有50年代印的画片，近年才在《辽宁省博物馆》[③]和《中国美术全集》[④]中收入精美的彩色版。

　　三戈的出土时间在辛亥革命前后，地点则有不同说法。1917年，罗振玉题拓本云："近年出保定之南郊"，王国维题识也说："出直隶清苑之南乡"，即今河北保定。1923年，罗氏"书言：易州估人云此三句兵亦出易州，当时即售之保定，故人传为保定所出"[⑤]，从而王国维《商三句兵跋》也改称"出直隶易州"[⑥]，即今河北易县。易县之说，可能较为可信。此外又有出河北平山县的一说[⑦]，恐无确据。

　　罗、王以后，许多学者注意到这项珍贵文物。郭沫若同志曾引用三戈上面的铭文，论述当时社会制度[⑧]，并据戈铭以论《大学》所载汤盘，引起温廷敬、杨树达等学者的讨论[⑨]。1950年，董作宾在台湾发表论文[⑩]，因戈铭走向与下刃位置背反，对三戈真伪表示疑问。那时我未能读到董文，但1957年在一篇小文中也有同样看法[⑪]，该文刊出后，于省吾先生即驰书相责，使我深觉惶恐。实际上，陈梦家《殷虚卜辞综述》已引《尚书·顾命》"执戈上刃"语[⑫]，解决了戈铭走向的问题。现撰此文，对这三件戈重加论述，以盖旧愆。

　　三戈成组，长度分别为（一）27.5厘米，（二）27.6厘米，（三）26.1厘米。形制相同，但（一）与（二）更为酷似。戈内作岐冠鸟形，鸟首向内端，有上下阑，直援微胡。铭文铸于援上，直书向右排列，分别为（一）七行二十二字，（二）七行二十四字，（三）六行十九字。

　　戈的时代，罗、王定为商，郭沫若同志《中国古代社会研究》云商代末年，这一点可以从戈的纹饰、字体两方面来证明。戈内上的纹饰是镂空的小立鸟，有略向后披垂的岐冠，卷喙，后曲的躯体，大爪和上卷的垂尾。这种鸟纹可与陈公柔、张长寿同志对商周青铜容器鸟纹的研究联系对比[⑬]，戈上小立鸟最近于其Ⅰ9式，特别是图谱193、194。图谱194出于陕西扶风云塘20号墓祖丁尊[⑭]，193则出于陕西宝鸡斗鸡台发现的鼎卣和其他一些器物；陈、张二同志定之于商末以至成康时期。再看戈铭的字体，"癸""戊""丙"等字写法都是较晚的，不早于商代末期即相当黄组卜辞的时期，但笔画全然没有所谓"波磔"，"父"字的笔意比保卣更为古朴。结合戈的形制只有微胡考虑，年代置于商周之际，商代末年或许还是更为合适的。

戈形制上的一个特点是阑侧和内部都没有穿，这和援面铸字一样，不适于戈的实用。《殷虚卜辞综述》说：铭文顺读时，刃向上，可知此等铸铭的戈不是实用的，而是陈设用的仪仗，如《顾命》所谓"执戈上刃"，按《顾命》记成王崩、康王继位之事，文云："四人綦弁，执戈上刃，夹两阶戺。"所执"上刃"之戈是一种仪仗，陈氏说是合理的。从时代来讲，三戈和《顾命》相距也不很远。

附带说一下，有些礼仪中用的玉锋刃器，如美国弗利尔美术馆所藏可能属龙山文化的琢纹玉刀，察其纹饰方向，刃也是朝上的。礼仪用锋刃器"上刃"以示不付实用，可能有久远的渊源。

三戈上的铭文，如王国维所说，是"蝉嫣相承"，释文如下：

（一）大祖日己　祖日丁　祖日乙　祖日庚　祖日丁　祖日己

（二）祖日乙　大父日癸　大父日癸　仲父日癸　父日癸　父日辛　父日己

（三）大兄日乙　兄日戊　兄日壬　兄日癸　兄日丙

这可视为一种家谱，所以《殷虚卜辞综述》以之与《库方》1506（即《英藏》2674）家谱刻辞并论[15]。由于亲属制度对古代社会结构的研究有非常重要的意义[16]，三戈铭文实有珍异的价值。

戈铭家谱究竟包括几个世代，是首先要确定的问题。称"父"和"兄"的各为一个世代，是不言自明的，问题在于对称"祖"的如何理解，因为商周人所称的"祖"不限于一定世代。看"父""兄"两代分别冠以"大父""大兄"，可推知"大祖"只是一代中居长者，并非远祖、始祖之义，所以戈铭最好理解为三代，而不是更多。

三个世代中各人均用庙号，按照商至周初的风习，他们在当时都是已死的。值得注意的是在庙号天干前面一律有一"日"字，这种例子在殷墟卜辞中少见，只有1971年小屯西地出土甲骨有"日丙""日丁"[17]，在商末至周初金文中却比较多，如殷墟孝民屯出土的一些器铭[18]。

还应注意到，在戈铭中三代庙号所用日干是不平衡的，最多的是癸，计四见，其次乙、己各三见，丁二见，这四干都属于柔日。张光直先生曾统计商周青铜器所见庙号日干，结果乙、丁、己、辛、癸五柔日占全数的百分之八十六[19]，与戈铭所见相合。这种现象自然不是偶然的，乃是当时礼俗的一种反映。戈铭父的一代有四人均名"癸"，是很有趣味的。有些学者认为以日干为名是表示排行次第，那么戈铭"父日己"就是第五十六人，这显然不合情理，所以三戈的存在足以排除次第说的可能性。

王国维《商三句兵跋》云："所云大祖、大父、大兄，皆谓祖、父、兄行之最长者。大父即《礼·丧服经》及《尔雅·释亲》之世父。古世、大同字，如世子称大子，世室称大室，则世父当称大父，非后世所谓王父也。"王氏对大祖等称谓释为行辈中之最长者，基本是正确的，对戈铭表现的亲属系统则尚未多作分析。

《尔雅·释亲》说："父之晜弟，先生为世父，后生为叔父。"郭璞注："世，有为嫡者嗣世统故也。"清郝懿行《尔雅义疏》云："《释名》云：'父之兄曰世父，言为嫡统继世也；又曰伯父，伯，把也，把持家政也。父之弟曰仲父，仲，中也，位在中也。仲父之弟曰叔父，叔，少也。叔父之弟曰季父，季，癸也，甲乙之次癸最在下，季亦然也。'然则《尔雅》不言仲父，季父者，亦略之。……世父、叔父俱有父名者，《丧服传》曰：'世父、叔父何以期也？与尊者一体也。'"可知古人对于父辈有伯、仲、叔、季之分，伯父或称世父，是因为有继承权之故。

伯、仲、叔、季之称起源甚早。《尚书·尧典》有羲仲、羲叔、和仲、和叔。《左传》定公元年有薛之皇祖奚仲，传为夏禹时人。商先公有季，汤之相有仲㐤。生存在商朝晚年的周太王，其子有太伯、仲雍、季历。至于殷墟卜辞人名，尚少发现有用伯、仲、叔、季的，这可能是由于在神或王前不宜用伯、仲等称，只能单称名的缘故。

按照《尔雅·释亲》和《释名·释亲属》，诸父的称谓是：

世父—父—仲父—叔父—季父

戈铭则系：

大父—仲父—父

考虑到大（世）父相当于伯，戈铭的排列显然更加合理。在这里，"父"不指生父，而是叔、季等父的简称，和《释亲》省去仲、季是相似的。

和戈铭类似的排列，见于殷墟卜辞的子称。在自组、宾组卜辞中，有"小王""仲子""大子"等称呼[20]。据考"小王"即"大子"，而《京都》1294"小王"与"仲子"对举。看来子称的排列可能是：

大子（小王）—仲子—子

正好和戈铭父称对应。"仲子"一词也见于商周间金文及《逸周书·王会》（作"中子"），兹不详论。

需要解释的是戈铭何以有两个"大父"。《殷虚卜辞综述》说："我们若以'大祖''大父''大兄'为大宗的称谓，则无解于两个'大父'的并立。"对此没有做出说明。按"大父"乃父辈中之居长者，而长者实可有二。以《春秋》经传所载鲁国谱系情况为例，鲁桓公之子有庄公、仲庆父、叔牙和季友，庆父后裔称为孟氏。《左传》文公十五年杜预注释"孟氏"云："孟氏，公孙敖家。庆父为长庶，故或称孟氏。"疏："公孙敖，庆父之子。杜以庆父与庄

公异母，庶长称孟，虽强同于适（嫡），自称为仲，以其实是长庶，故时人或称孟氏。"另外隐公元年疏也说："孟、伯俱长也。"《礼》纬（据《礼记·曲礼》疏见《含文嘉》）云："'庶长称孟'，然则适（嫡）妻之子长者称伯，妾子长于妻子则称为孟，所以别适庶也。"因此，戈铭两"大父"的并立很可能即一嫡出一庶出，只是在称谓上没有细加区别而已。商代晚期已注重嫡出、庶出的分别，从《史记·宋世家》所载微子启的故事即可证明，这是大家所熟知的。

总之，戈铭上的谱系虽与后世制度有所差异，业已具备宗法的一些基本因素。看文献中春秋时列国尚多有不合礼制的现象，商周之际这样北的地区有此制度，应该说是相当进步了。

最后还要谈到三戈的国属问题。王国维跋云："其器出易州，当为殷时北方侯国之器，而其先君皆以日为名，又三世兄弟之名先后骈列，皆用殷制，盖商之文化时已沾溉北土矣。"又据王亥、有易之事，论述"今易州有殷人遗器固不足怪"，都很精辟。不过他根据涞水张家洼出北伯器，以为北即邶而邶即燕[21]，还是值得商榷的。因为邶、鄘、卫本为周初三监所治商故王畿之地，张家洼北伯器虽属西周前期，却难早到三监之时，三监时也未必有邶伯之封，加以等同终无确证。无论如何，近年考古工作已证明商文化北延至河北北部[22]，三戈之属于商文化，为商朝北方侯国之器，可以视为定论。

一九八八年十月

注释

① 《王国维遗书》第一册册首《钟鼎题跋遗墨·商句兵》罗振玉题字，上海古籍书店，1983年。

② 王国维：《商三句兵跋》，《观堂集林》第三册卷十八，中华书局，1961年，第883页。

③ 辽宁省博物馆：《辽宁省博物馆》，5，三勾兵，文物出版社，1983年。

④ 《中国美术全集》工艺美术编（4）青铜器（上），七四，文物出版社，1985年。

⑤ 《王国维遗书》第一册册首《钟鼎题跋遗墨·商句兵》罗振玉题字，上海古籍书店，1983年。

⑥ 王国维：《商三句兵跋》，《观堂集林》第三册卷十八，中华书局，1961年，第883页。

⑦ 陈梦家：《殷虚卜辞综述》第十四章第十七节关于宗法，科学出版社，1956年，第499~500页。

⑧ 郭沫若：《中国古代社会研究》第三篇第二章第一节一，《郭沫若全集》（历史编1），人民出版社，1982年。

⑨ 孙稚雏：《青铜器论文索引》，中华书局，1986年，第90页。

⑩ 董作宾：《汤盘与商三戈》，《文史哲学报》第一期，1950年。

⑪ 李学勤：《论殷代亲族制度》，《文史哲》1957年第11期。

⑫ 陈梦家：《殷虚卜辞综述》第十四章第七节，科学出版社，1956年。

⑬ 陈公柔、张长寿：《殷周青铜容器上鸟纹的断代研究》，《考古学报》1984年第3期，第268~269页。

⑭ 陕西省考古研究所、陕西省文物管理委员会、陕西省博物馆：《陕西出土商周青铜器》（三），六九，文物出版社，1980年。

⑮ 参看李学勤：《关于英国所藏甲骨的几件事》，《书品》1987年第2期。

⑯ 参看舒茨基（Ernest L.Schusky）：《亲属分析法手册》（英文），1965年。

⑰ 中国社会科学院考古研究所：《小屯南地甲骨》附2、3，中华书局，1983年。

⑱ 李学勤：《考古发现与古代姓氏制度》，《考古》1987年第3期。

⑲ 张光直：《中国青铜时代》，生活·读书·新知三联书店，1983年，第179~180页。

⑳ 陈梦家：《殷虚卜辞综述》第十四章第十七节关于宗法，科学出版社，1956年，第484~485页。

㉑ 王国维：《北伯鼎跋》，《观堂集林》第三册卷十八，中华书局，1961年，第884页。

㉒ 文物编辑委员会：《文物考古三十年》，文物出版社，1979年，第38页。

（原载《辽海文物学刊》1989年第1期）

商三勾兵研究及著录

1. 王国维：《商三句兵跋》，《观堂集林》第三册卷十八，中华书局，1961 年，第 883 页。

2.《王国维遗书》第一册册首《钟鼎题跋遗墨·商句兵》罗振玉题字，上海古籍书店，1983 年。

3. 邹安：《周金文存》卷六，1916 年，第 68、69、86 页。

4. 罗振玉编：《梦郼草堂吉金图》第二册，1917 年，第 1 ~ 3 页。

5. 郭沫若：《汤盘孔鼎之扬榷》，《燕京学报》第 9 期，1933 年；又见《郭沫若全集》考古编第五卷，科学出版社，2002 年。

6. 王辰：《续殷文存》第二册，1935 年，第 86 ~ 87 页。

7. 刘体智：《小校经阁金文拓本》第 10 卷，1935 年，第 89 ~ 90 页。

8. 罗振玉：《三代吉金文存》第 19 卷，1937 年，第 20 ~ 21 页。

9. 李济：《记小屯出土之青铜器》中篇《锋刃器·勾兵溯源及商三勾兵》，《中国考古学报》第四册，1949 年；又见《李济考古学论文集》，文物出版社，1990 年，第 654 页。

10. 董作宾：《汤盘与商三戈》，台湾大学《文史哲学报》1951 年第 1 期。

11. 陈梦家：《殷虚卜辞综述》第十四章"亲属"第十七节关于宗法，科学出版社，1956 年，第 499 ~ 500 页。

12.《书道全集》，日本河出书房，1956 年，第 160 页。

13. 李学勤：《论殷代亲族制度》，《文史哲》1957 年第 11 期。

14.《书道全集 1·中国 1》，日本平凡社，1965 年，第 26 ~ 27 页。

15. 郭沫若：《中国古代社会研究》第三篇第二章第一节，《郭沫若全集》历史编 1，人民出版社，1982 年，第 202 页。

16.《中国博物馆之三——辽宁省博物馆》，讲谈社，1982 年。

17. 辽宁省博物馆：《辽宁省博物馆》，文物出版社，1983 年。

18. 严一萍主编：《金文总集》，台北艺文印书馆，1983 年，第 7556、7573、7575 页。

19. 吕树芝：《商朝大且日己、且日乙、大兄日乙三戈》，《历史教学》1983 年第 9 期。

20. 李学勤主编：《中国美术全集·工艺美术编·青铜器（上）》，文物出版社，1986 年。

21. 上海博物馆商周青铜器铭文选编写组：《商周青铜器铭文选》三，文物出版社，1988 年，第 19 ~ 21 页。

22. 马承源：《商代勾兵中的瑰宝》，《辽海文物学刊》1987 年第 2 期。

23. 中国美术全集编辑委员会编著：《中国美术全集》第四册，文物出版社，1988 年，第 74 页。

24. 李学勤：《鸟纹三戈的再研究》，《辽海文物学刊》1989 年第 1 期。

25. 成东、钟少异：《中国古代兵器图集》，解放军出版社，1990 年。

26. 高大伦主编：《中国文物鉴赏辞典》，漓江出版社，1991 年，第 120 页。

27. 沈融：《〈尚书·顾命〉所列兵器名考》，《文博》1992 年第 1 期。

28. 李治亭主编：《关东文化大辞典》，辽宁教育出版社，1993 年。

29. 中国青铜器全集编辑委员会编著：《中国青铜器全集》第四册，文物出版社，1998 年，第 74、187 页。

30. 马承源主编：《中国文物精华大辞典》（青铜卷），上海辞书出版社、香港商务印书馆，1998 年，第 229 ~ 231 页。

31. 冯胜君：《商祖父兄三戈铭文真伪再探讨》，《中国文字》新廿八期，艺文印书馆，2002 年。

32. 中国社会科学院考古研究所：《殷周金文集成》（修订增补本）第七册 11392、11401、11403，中华书局，2007 年。

33. 马宝杰主编：《辽宁省博物馆》，伦敦出版（香港）有限公司，2008 年。

34. 井中伟：《由曲内戈形制辨祖父兄三戈的真伪》，《考古》2008 年第 5 期。

35. 严志斌：《父丁母丁戈刍议并论祖父兄三戈的真伪》，《三代考古》（六），科学出版社，2015 年。

36. 朱彦民：《"苟日新，日日新，又日新"新解——〈汤盘铭〉郭说补正》，《殷都学刊》2018 年第 1 期。

介绍一件罗振玉旧藏的羹匕

◎单育辰　李松儒

　　罗振玉曾获一件羹匕，匕头圆，是刍鼎中的鱼羹之用，即后世名为《鱼鼎匕》者，据罗振玉《贞松堂集古遗文》所述，"此匕数年前出山西，予初见之都市，仅见金书十余言，讶为奇物，亟以重金购归，郑重摩洗，表里文字乃均可辨，惜上截损佚。"①《丁戊稿》与此所述略同，唯作"此匕数年前出山西浑源州"较上加详②。据后人考察，此匕应是山西浑源李峪村青铜器群中物③。匕柄、匕勺正反面都有字，罗氏在《贞松堂集古遗文》中公布摹本，后又把摹刻本收录于《三代吉金文存》，上有"罗福颐手摹金石文字"印④。

　　因为摹刻本酷肖拓本，乍视很可能误作拓本。按，《待时轩传古别录》所收之图皆为摹刻本，中有《鱼鼎匕》图，即《三代吉金文存》所收者，罗福颐于书前说明："古金文有错金银为文不可施毡墨者，家大人病其不能流传，每命以花乳石橅刻，久之，得十种。已又得唐封泥墨书朱印，文字黯淡，不可影照，复命橅于末。总得十二种。家大人谓为下真一等，各为题识，戊辰冬取付影印，颜之曰《待时轩传古别录》。嗣有所见，将续橅之。上虞罗福颐记于津沽嘉乐里寓居。"可见《三代吉金文存》所收的摹刻本是用花乳石摹刻的。

　　近见赵叔孺旧藏《鱼鼎匕》摹刻本一纸，其跋云："为上虞罗叔言参事新得自京师尊古斋，文字精美，俱黄金嵌背间，文画为青绿朱斑积没，不能毡拓，左为叔言世兄子期昌颐用青田石勾刻者，余乙丑初夏入都，闰四月初八日过津门，叔言出以见视，诚有生未有之奇珍，宜叔言定为雪堂四宝之一也。叔言考为食鱼之器，釋释鼎字。"⑤其所言用青田石勾刻，与上叙不同，应以罗福颐所言为准。其言所此匕乃罗氏购自尊古斋，则为新知。

　　其拓本第一次公布于《殷周金文集成》，编号980A，在书后所附的匕类铭文说明云："鱼鼎匕，柄残，有缺字，铭文错金，过去未见拓本著录。"《集成》所收《鱼鼎匕》凡三号，980A用考古所拓本，980B用贞松摹本，980C用考古所藏罗氏摹刻本（图一）⑥。

　　在《贞松堂吉金图》中，也收录《鱼鼎匕》摹刻本，并首次公布了《鱼鼎匕》黑白照片⑦。此外，《集成》书后所附匕类铭文说明中的"著

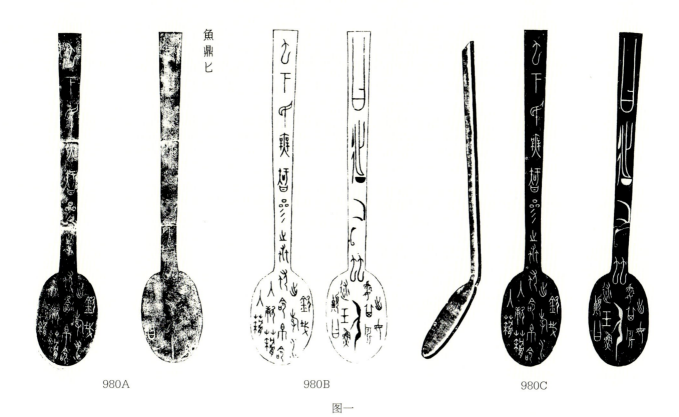

980A　　　　　　　980B　　　　　　　980C

图一

"录"项下还有《小校》一书，查《小校经阁金石文字》中所收仍为摹刻本⑧。又，《贞松堂吉金图》所公布的照片后来被《商周彝器通考》所转录，但图版不清，后来出版的《殷周青铜器通论》所转录的图版较清楚，但仍不如《贞松堂吉金图》所载清晰⑨。

下面先把我们的释文列如下，然后作进一步的讨论：

曰：徝□□□匕，述（遂）王（语）鱼颡（鼎），曰：钦戋（哉）！出斿（游）水虫。下民无智（知），参□蠡（蚩）蚘（尤）命。帛（薄）命入献（羹），藉入藉出，毋处其所。

首先，"徝□□□匕"大家多连读作"徝又（有）蚘匕"，这是不正确的，詹鄞鑫指出：从字符所占空间位置看，旧所释的"又蚘"不是两字而是一字，应改释为"蠡"（詹氏把"又"改释为"尤"）⑩。陈剑赞成詹说⑪。沈之杰在一篇未刊稿中指出：其实"蚘"形上面还有一极明显的"土"形，《贞松堂集古遗文》所收录的摹本和《三代吉金文存》收录的摹刻本皆漏摹。但从《殷周金文集成》所收录的拓本（980A）及《中国青铜器全集》第8卷（图二）二书所收的彩照⑫来看，"土"形十分明显。沈先生认为旧释的"又蚘"两字应改释为"蠡"，不过他说，释"蠡"的前提是："匕柄在此处（辰按，指"蠡"字，下同）完整无损或者虽然断裂但不缺损"；他又提到："或者此处前后竟非连续的两段，而是后经拼接连在一起的，当中可能有脱文。"⑬我们认为后说是正确的。

图二　《中国青铜器全集》第8卷彩照

上引罗振玉《贞松堂集古遗文》言"此匕……表里文字乃均可辨，惜上截损佚。"其后引王国维说："右鱼匕铭，柄端折去寸许。其铭自匕面中间一行读起，左行转至匕阴，又转至匕阳第二行止。……匕面柄上折处当阙一字，匕背当阙二字，匕背所阙或是'中有'二字。其铭四字为句，唯一句五字。"[14] 最早经手《鱼鼎匕》的两位学者都认为匕柄文字有缺佚之处。但他们所说的"上截损佚"、"匕面柄上折处当阙一字，匕背当阙二字"在什么地方，都未说清楚。后来有不少学者认为他们所说的损佚之处在匕的最上端[15]，但我们反复查看匕最上端，实无残损迹象。我们认为他们说的缺佚之处可能是：匕柄正面"蚩"形之上缺一个大字，相应的，匕柄反面"蚩"形之上缺两个小字。

目前《鱼鼎匕》器柄最清晰的照片是《贞松堂吉金图》所公布者，从此照片上看，"蚩"形之上的断裂痕非常明显（亦可参看《集成》980C摹刻本相应之处），并且柄上半部与下半部的碴口不能密合（图三）：

图三

正视图

侧视图

图四

匕柄部"蚩"形之上的断裂点细部图如图四。

《鱼鼎匕》后归辽宁省博物馆收藏，据辽博所藏文物图片也显示（图五），此匕柄处确实折断，折断位置处于"蚩"形之上（文物档案中亦说此匕"把断"），并且我们从字形来看，匕柄正面上部所残留的字形为"A"（图六），下部所残留的字形为"B"（图六），这两个字形拼出不成一字，尤其是左边的"ㄣ"这一笔凭空冒出，毫无所承，也让人感到奇怪。从匕柄反面看，其折断处应在"C"（图六），如果我们不承认匕柄反面折断处有残缺的话，那么其相应文字则连读为"下民无知，参蚩（蚩）蚘（尤）命。"这里的"参蚩尤命"也很难理解。

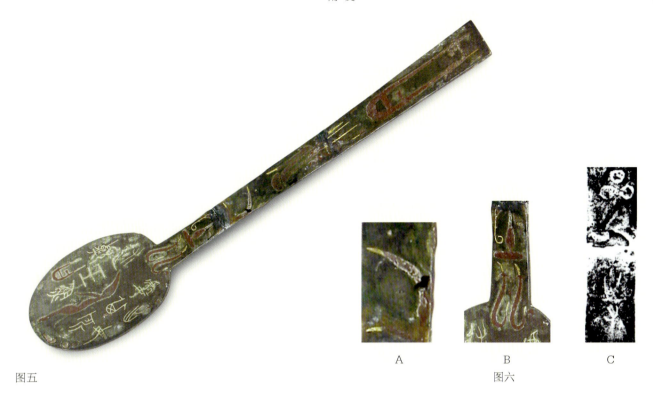

图五   图六

所以，我们认为，匕柄正面"徣□（此字下面残缺，或是'又'字）"与"□（此字上面残缺，下面是'蠹'形）匕"之间残断了，中间有缺文。相应的，匕柄反面在"参"与"蠹（蚩）"之间折断，中间也有缺文。至于是不是王国维所言匕柄正面缺失一个大字，匕柄反面缺失两字小字，并不能确定，也有可能缺失的字数更多。

把缺佚之处论定后，我们就来看匕上的文字。先看匕的正面："蠹"形下的"匕"从罗振玉释（见《贞松堂集古遗文》），或释为"人""尸"[16]，不确，此字是"匕"的一种美术化了的字体。"玉"，旧多释"王"，容庚改释为"玉"[17]。在金文中，"玉"的三横等距，而"王"最上两横与最下一横距离较大，可翻看《金文编》相关字条即明。"鼎"从王国维释，他说："'顚'即籀文'顶'字，《说文》'顅'籀文'顶'，此借为'鼎'。"或读为"颠"[18]，不确，"鱼鼎"是指烹鱼之鼎，而"鱼颠"不词。

"述（遂）玉鱼顚（鼎）"，"玉"，疑纽屋部，疑读为"语"，"语"，疑纽鱼部，二字语音相近。在古文字中，"语"的用字习惯比较固定，似未见用"玉"表示"语"者，但古文字也常常会在固定用字习惯之外出现一些特殊的用字方法，所以"玉"通"语"

的可能也不能排除。"遂玉（语）鱼鼎"是说"羹匕于是对鱼鼎说"，"语"和后面的"曰"正好能对照。铭文中的谈话者是匕和鱼鼎，是把物品拟人化了，这种拟人手法古籍是经常能见到的。

其后"钦哉"，又见于《尚书·尧典》："帝曰：钦哉！""钦"是"敬"的意思[19]。近出上博二《子羔》（港简3+《子羔》简12）亦有："生乃呼曰：'钦！'是契也。"清华简《保训》简4亦有："钦哉！勿淫。"（《保训》简11则说："敬哉！毋淫。"）

再看匕的反面："蠹（蚩）蚘（尤）"为于省吾所释[20]，李零据马王堆帛书《十六经·正乱》："黄帝身遇之（蚩）尤，因而擒之。……腐其骨肉，投之苦醢，使天下谁（进）之"，发现帛书所述以蚩尤作羹之事正可与匕铭对照[21]。"歔"读为"羹"也是于省吾的意见[22]。"藉入藉出"李零言或读为"忽入忽出"[23]，可存以备考。

经过以上讨论，我们终于可以把匕铭大意串讲一下：

……羹匕于是对鱼鼎说：要慎重啊，那些游来游去的水虫！下层的民众混沌无知，……像蚩尤一样做了肉羹。它们在羹里又出又入，后人不要像它们那样处在鱼鼎里啊[24]。

图 1

图 2

图 3

图 4

　　补记：在本文写完后，我们有机会到辽宁省博物馆文物库房查验原物，又得到更为清晰的照片，匕柄正面"蠢"形之上的断裂点如图 1 所示，匕柄反面"参"与"蠢（蚩）"之间的断裂点如图 2 所示，对比二图，可以发现其间确有残缺，现在发表的此匕图片皆属误拼。此处断裂点有焊过痕迹，为 1954 年 7

月修复所致（据文物档案）。匕的最上端图像依图 3、图 4 所示，也如上文所说，没有任何残损迹象。

　　（原载《经学文献研究集刊》第十三辑，上海书店出版社，2015 年）

注释

① 罗振玉：《贞松堂集古遗文》，收入《金文文献集成》第二十四册，线装书局，第 224 ～ 225 页，2005 年（影印 1930 年石印本，原第十一卷第 10 ～ 12 页）。此文又见罗振玉：《待时轩传古别录》，1927 年上虞罗氏石印本，第 1 页。

② 罗振玉：《鱼匕跋》，《丁戊稿》，民国铅印本，第 21 ～ 22 页。

③ 参看容庚：《商周彝器通考》，上海人民出版社，2008 年，第 9 页；山西省考古研究所：《山西浑源县李峪村东周墓》，《考古》1983 年第 8 期；李夏廷：《浑源彝器研究》，《文物》1992 年第 10 期；李零：《考古发现与神话传说》，《李零自选集》，广西师范大学出版社，1998 年；何琳仪：《鱼颠匕补释——兼说昆夷》，《中国史研究》2001 年第 1 期。

④ 罗振玉：《三代吉金文存》，中华书局，1983 年，第 1887 页（影印 1937 年影印本，原第十八卷第 30 页）。

⑤ 盛世收藏网，http://bbs.sssc.cn/viewthread.php?tid=768806 。

⑥ 中国社会科学院考古研究所：《殷周金文集成》第三册，中华书局，1989 年，第 61 页。附带更改此书一个小错误，此书于《鱼鼎匕》在出土地下注："山西浑源(贞松)"，贞松指《贞松堂集古遗文》，查《贞松》只言出于山西，说出于山西浑源者，实出《丁戊稿》。

⑦ 罗振玉：《贞松堂吉金图》，1935 年墨缘堂景印本，中册第 42 页。

⑧ 刘体智：《小校经阁金石文字》，1935 年石印本，第九册 98 页。

⑨ 容庚：《商周彝器通考》，哈佛燕京学社，1941 年，附图四一四；容庚、张维持：《殷周青铜器通论》，文物出版社，1984 年，图版肆柒 92。

⑩ 詹鄞鑫：《〈鱼鼎匕〉考释》，《中国文字研究》第二辑，广西教育出版社，2001 年。

⑪ 陈剑：《释造》，《出土文献与古文字研究》第一辑，复旦大学出版社，2006年，第90页。

⑫ 中国青铜器全集编辑委员会：《中国青铜器全集》第8卷·东周（二），文物出版社，1995年，第137页。辰按，据我们所知，《鱼鼎匕》彩照最早公布于中国美术全集编辑委员会编：《中国美术全集·工艺美术编·青铜器》，文物出版社，1985年，第65页，此图要比《中国青铜器全集》第8卷公布者清晰一些。

⑬ 沈之杰：《试论"鱼鼎匕"首句大字铭文的几个问题》，未刊。

⑭ 此跋又收入王国维：《鱼匕跋》，《观堂别集》，《观堂集林（附别集）》，中华书局，1961年。

⑮ 如郭沫若：《鱼鼎匕》，《金文韵读补遗》，《郭沫若全集·考古编》第五卷，科学出版社，2002年；罗福颐：《三代吉金文存释文》，香港问学社，1983年，第844页；容庚：《商周彝器通考》，上海人民出版社，2008年，第286页。另，据王国维所言"'参之蜥蜴'，谓虫与二物性本不同，下民以此三者为相似也。"其把"参"与"之"（即"蠢"之误分误释）连读，则又似乎不认为折断处在匕柄反面"参"与"蠢"之间（《贞松堂集古遗文》中之摹本与释文亦看不出此点，但摹本与释文皆罗福颐参与，并不等于罗振玉意见），这大概是王氏一时疏忽，不能引以为证。

⑯ 释"人"如郭沫若：《鱼鼎匕》，《金文韵读补遗》，《郭沫若全集·考古编》第五卷，科学出版社，2002年。释"尸"如何琳仪：《鱼颠匕补释——兼说昆夷》，《中国史研究》2001年第1期，第32页。

⑰ 容庚：《金文编》"玉"条，科学出版社，1959年，第20页；容庚编著，张振林、马国权摹补：《金文编》，中华书局，1985年，第24页（按此字被重复收录于"王"条，见第19页）；何琳仪：《鱼颠匕补释——兼说昆夷》，《中国史研究》2001年第1期。

⑱ 裘锡圭、李家浩：《曾侯乙墓竹简释文与考释》，《曾侯乙墓》，文物出版社，1989年，第512页。

⑲ 何琳仪：《鱼颠匕补释——兼说昆夷》，《中国史研究》2001年第1期。

⑳ 何琳仪：《鱼颠匕补释——兼说昆夷》，《中国史研究》2001年第1期，第33页引于省吾说。

㉑ 李零：《考古发现与神话传说》，《李零自选集》，广西师范大学出版社，1998年。

㉒ 于省吾：《双剑誃吉金文选》，中华书局，1998年，第227～228（原第30）页。

㉓ 李零：《考古发现与神话传说》，《李零自选集》，广西师范大学出版社，1998年。

㉔ "毋处其所"的句意承沈之杰先生指正，参看詹鄞鑫：《〈鱼鼎匕〉考释》，《中国文字研究》第二辑，广西教育出版社，2001年。

燕王职戈考释

◎张震泽

　　1967年在辽宁省北票县东官营子发现一件铜戈，今藏辽宁省博物馆。全长27、高13、援长18、内长9厘米。形体较大，中脊略隆起，两旁有沟；胡刃有弧曲三，阑内三穿，直内一穿，内隔一穿，内上有虎形纹；铭文在胡上：郾王职作御司马（图一、二）。

　　近代发现的燕国诸王的兵器，如戈、戟、矛、剑之属，已见著录者不下四五十器，铭"王职"者亦有十余器，唯其铭文皆与此有异。据说其器多河北易县燕下都出土，而此戈独出土于辽宁北票，尤有意义。

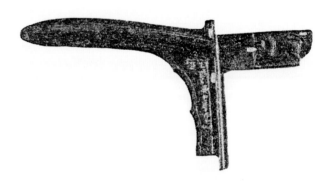

图一　燕王职戈

图二　铜戈铭文拓片及摹本（3/4）

燕王职

燕国名，载籍通作"燕"，两周金文早期作"郾"，后作"匽"，此戈则加邑旁作"郾"。

春秋战国时期，国名或邑名之字往往加邑旁，如鄀作"邘"（邘大司马戟），楚作"鄼"（余义钟），梁作"鄩"（大梁鼎），皆是。此戈作"郾"，正表现了战国时期的特点。

周武王灭纣，封召公奭于北燕，《史记·燕召公世家》记燕之世系，没有燕王职这一代。唯《赵世家》云：赵武灵王"十一年，王召公子职于韩，立以为燕王，使乐池送之"。《史记·六国表集解》徐广引《纪年》，也有赵立公子职为燕王的事，但以为在赵武灵王十二年。

考公元前 320 年，燕王哙立，其三年（公元前 318 年），把政权让给国相子之。子之三年（公元前 315 年，即王哙六年），将军市被和太子平合谋，"要党聚众"，举兵攻子之不克。这场战乱延续了"数月"，"死者数万，众人恫恐，百姓离志"。齐国乘机伐燕，燕人不能抵抗，"士卒不战，城门不闭"，齐军三十天就把燕国攻下，"燕君哙死，齐大胜燕，子之亡"（《纪年》：齐擒子之而醢其身）。"二年而燕人共立太子平，是为燕昭王"（以上据《史记》）。

这一事件见于《史记·燕世家》《战国策·燕策》，此外《竹书纪年》《孟子》《韩非子》也都谈到此事。不过诸书互有异同，也引起了一些问题。例如宋裴骃、唐司马贞皆认为：子之死后，燕人共立太子平，是为燕昭王，无赵送公子职为燕王事。当是赵闻燕乱，遥立职为燕王，虽使乐池送之，事竟不就。其后虽有辨之者，如清梁玉绳《史记志疑》，终亦未得有力的反证。燕王职的兵器包括本戈的出土，说明公子职其人确曾做过燕王。燕世系中应增此一代。这就打消了刘宋以来"遥立未就"说的疑点，也补正了《史记·燕世家》的漏误。

《赵世家》谓赵送职为燕王在武灵王十一年，《纪年》谓在十二年，其说两歧。其实，若弄清当时情况，便可明白两说并无矛盾。

赵武灵王十一年，当燕王哙六年（子之三年），即公元前 315 年。是年子之事件发生，齐军攻入燕都（蓟），震动了赵国。《赵策三》云："齐破燕，赵欲存之。乐毅谓赵王曰：'今无约而攻齐，齐必仇赵；不如请以河东易燕地于齐。赵有河北，齐有河东，燕赵必不争矣，是二国亲也。以河东之地强齐，以燕赵辅之，天下憎之，必皆事王以伐齐，是因天下以破齐也。'王曰：'善！'乃以河东易齐。楚、魏憎之，令淖滑、惠施之赵，请伐齐而存燕。"这件事应该就是赵武灵王十一年的事。这一年，燕国战乱数月；齐人攻占数月；赵谋易地、攻齐、存燕，也非短期所能成功；最后得到楚、魏两国的支持，才得决定立职为燕王而使乐池送之，最早也必定在年末了。这样，职之为燕王，十一年立，十二年送，或十一年送，十二年到，完全在情理之中。《世家》《纪年》不过各就一端而记之罢了。

《世家》《燕策》都说："二年而燕人立太（公）子平，是为燕昭王。"那么，公子职之为王是在昭王前二年，即公元前 313 至前 312 年。他在位仅有二年，则此戈的绝对年代，可断定必在此二年之中。

不过，公子职也可能就是燕昭王，杨宽即主此说，认为《燕策》所说"公子平"当是"公子职"之误，而《燕世家》又误作"太子平"（见所著《战国史》第 103 页注九）。此说可能是对的，但有待于地下发掘的证明。

御司马

《三代吉金文存》卷十九页三十四著录一戈，又页四十三著录一件残戈，其形制皆与此北票出土之戈相似：胡有三穿，内有虎形纹，铭在胡上，铭文文字亦同。唯前者铭文王名泐灭，存"乍御司马"四字；后者仅存"郾王"二字，余均漫漶不可辨。三者并是王职之兵，然各不同范。而第二字旧不识，《金文编》未收。

我以为就是"御"字。此字变化较多（见图），戈文与齐侯壶"御"字相同而略有出入。

甲骨　　　　　衛毁　　　　　牧師父毁　　　　通毁
甲二七〇

不嬰毁　　　　齐侯壺　　　　燕王职戈　　　　盂鼎

禹鼎　　　　　令鼎　　　　　師寰毁　　　　　右輨車飾

此字是徒御之御，即车御，亦即《诗·黍苗》"我徒我御，我师我旅"之御也。《说文》："御，使马也。馭，古文御，从又从马。"金文则作"馭"，即"馭"字原形。

御、馭，字形不同，古代却是通用的。如师寰毁："无諆徒馭"，禹鼎："以武公徒馭至于噩"，又："戎车百乘，厮馭二百，徒千"，皆作"馭"。而卫毁："懋父赏御正卫马，匹"，不嬰毁："余命汝御追于彊，汝以我车宕伐俨狁于高陵"，通毁："王飨酒，通御亡遣"，皆作"御"。先秦书亦然。

盖字从"午"声，午者杵也，像马箠。"馭"，从又持箠以驱马；"御"，易马旁为彳旁，易又旁为卩（人）旁，其意义是相同的。《商周金文录遗》有车饰，铭曰"右輨"，我以为"輨"也就是"馭"字，不过又把马旁换成车旁而已。

古代用马车作战，每辆战车都有车御有徒卒，统治者设置了层层官吏来管辖他们。

司马，乃古代主兵之官，名目也很复杂。《周官·夏官》有大司马、小司马、军司马、舆司马、行（音杭）司马、两司马（军制：二十五人为两）。大致说来，大司马和小司马掌全国军事，军司马掌一军，舆司马掌车兵，行司马和两司马掌徒兵。等级高下、职掌范围不同，故官名亦异。东周列国皆有此官，其见于记载者，晋六军各有司马，又有元司马、舆司

马之称；齐有大司马，又有雍门司马；楚有大司马，又有左司马、右司马、城父司马；宋及吴都有大司马、少司马；赵、魏、秦也都有司马（俱见《左传》《战国策》）。

燕国也有司马，《齐策六》："安平君（田单）以惴惴之即墨，三里之城，五里之郭，敝卒七千，禽其司马而反千里之齐。"鲍注司马云："主兵之官，谓骑劫。"骑劫是燕国大将，而其官称实为司马，大概至少是军司马了。

燕国虽然不是强国，但王哙时"持戟数十万"（《韩非子·说疑》）；燕文公时"带甲数十万，车七百乘"（《燕策一》）。燕王职的战车若干，虽然不知道，然亦可由上面的数字粗见其规模。王职于战时设置御司马以控制其军队，也是势所必然的。

至于御司马的职掌，参考下述材料，可见一斑：《左传》成公十八年，晋悼公即位于朝，始命百官，其中说道：

弁纠为御戎，校正属焉，使训诸御知义。……铎遏寇为上军尉，籍偃为之司马，使训卒乘，亲以听命。程郑为乘马御，六驺属焉，使训群驺知礼。（《疏》谓驺是主驾之官）

这里的御戎、校正、军尉、司马、乘马御，加上前引卫毁的御正，官名不同，但都是管理卒乘车御，使之"知义""知礼"而"听命"的。而且御戎、乘马御、御正，皆以"御"名官。则御司马的名称及职掌之由，不是可以想见的吗？至于战时官名，别立名色，秦汉犹然。例如《史记·高祖功臣侯表》载：

高陵侯王周"以骑司马、汉王元年从起废丘"。

甘泉侯王竟"以车司马、汉王元年初从起高陵"。

又《靳歙传》：

又战蓝田北，斩车司马二人（《集解》张晏曰："主官车"）……别西击章平军于陇西，……所将卒斩车司马、侯，各四人。

燕王职之御司马，盖即此骑司马、车司马之类。

列国兵器，往往标明所用，如"虢太子元徒戈"

（见《考古通讯》1957年第4期），"陈子山徒戈"（见《贞松堂集古遗文》十二卷二页），"陈子口徒戈"（见《三代吉金文存》十九卷四十一页），都是徒卒所用者。

燕国兵器亦然。如有矛铭曰："郾侯载作左军"；燕王职另有戈二，铭皆云"郾王职作王萃"（以上三器俱见《三代吉金文存》十九卷）。"萃"借为"卒"。其文皆当于"作"字断句，谓此戈是某王所作以为左军或王卒所用者。准此以推，则此北票发现之戈，亦燕王职所作，而为他的御司马所用者。

据有关文献的记载，辽宁省的绝大部分属于战国时期燕国的疆域。从过去的一系列考古发现中，已经获得了不少的具体物证。今燕王职戈发现于北票东官营子，则又增添了一项新的资料，有利于对这一问题的进一步研究。

本文承辽宁博物馆诸同志之鼓励，并以全戈拓本见贻，谨在此表示谢意。

（原载《考古》1973 年第 4 期）

辽宁地区出土青铜器概述

◎刘　宁

　　辽宁地区考古发掘工作开始较早，1950 年起，东北博物馆（即今辽宁省博物馆）在辽东、辽西等地开展田野考古工作，是辽宁考古工作迈入正规化、专业化的开始。迄今为止，辽宁的文物考古工作者在辽沈大地先后对旧石器时代、新石器时代、青铜时代至元明清等各个历史时期的典型文化遗存都进行了考古发掘，取得了很大成就。

　　青铜时代是人类文明的一个重要阶段，辽宁地区历年文物普查数据显示，各个时代遗存以青铜时代遗址数量最多，说明青铜时代是古代辽宁甚为繁荣的一个时代。分布于辽宁西部及内蒙古南部的夏家店下层文化，相当于夏到早商时期，是东北地区最早的青铜文化，商代青铜器花纹中的饕餮纹、夔龙纹、云雷纹等，都可以在夏家店下层文化的彩绘图案中找到原型。锦州市郊临近渤海湾北岸的水手营子夏家店下层文化晚期墓葬随葬的青铜连柄戈[①]，柄饰商代青铜器常用的联珠纹，装饰性很强，是权杖式重器，说明环渤海沿岸也是该文化活动频繁的重点地区，并与山东岳石文化有海上交流；夏家店下层文化具有一定水平的青铜冶铸技术及与青铜器密切相关的成熟的彩绘艺术，为东北地区青铜文化的发展和文化特色的形成，奠定了非常坚实的基础。

　　继夏家店下层文化之后，魏营子文化、夏家店上层文化等青铜时代文化在辽西、辽东广泛分布；商周之际，辽西地区出土了近 60 件窖藏青铜器，集中分布于大凌河上游的喀左县境内，共发现有六处窖藏，出土的几乎都是大型青铜礼器，且多铸有族徽一类铭文，是研究辽宁地区古民族、古方国的重要资料[②]。其中孤竹罍的出土，证实了商代孤竹国的所在与辽西有关[③]。燕侯盂和受燕侯赏赐的诸族铜器的出土更说明，燕受封之始就将势力扩展到辽西[④]。《左传·昭公九年》也有"昔武王克商……肃慎燕亳吾北土也"的明确记载。同时，在这几批青铜器中已出现了一些区域特色和北方草原文化因素，如喀左小波汰沟青铜器窖藏出土的"圉"簋[⑤]，器耳上独特的三层动物纹装饰，是北方草原题材与商周彝器风格交融的典范。

　　另外，商代中晚期起，从辽西到辽东，都出土了一些具北方草原游牧民族特点的北方式青铜器，辽河流域是北方式青铜器分布的东区，这一地域出土的戈、戚一类多附銎或以动物头部为装饰[6]，反映了北方草原文化高超的青铜铸造技术及其与中原商周青铜文化的密切交往关系。在辽河下游及辽东地区发现这类北方式青铜器的遗址时间也可早到商周之际，如法库湾柳街遗址出土的席纹青铜钺、铃首刀、鹿首刀[7]。这种北方式青铜器应是当地文化与由鄂尔多斯地区甚至源自更远的中西亚和欧亚草原地区的外来青铜文明的碰撞与结合，辽宁主要是辽西是商周青铜容器与北方式青铜器共出最东的一个地区。

从西周中、晚期至战国末期，辽宁及其周边地区流行一种有别于中原直刃式青铜剑的曲刃式青铜短剑，它以柱脊曲刃剑身、"T"字形剑把手和分体组装为特点，形制比较特殊，与中原地区常见的直刃剑形制差别较大，具有明显的地方色彩。多为墓葬出土，同时伴出有多钮铜镜、生产工具、车马器及各种用途的装饰品，这类墓葬被称为青铜短剑墓，应与燕国境内及其相邻各民族，如东胡、山戎、秽貊等的活动有关，反映中原、北方草原及当地诸青铜文化的交汇。近年来辽宁地区发现的较多，有广泛的分布，可以划分为辽西、辽东两个地域类型。辽西地区的青铜短剑文化以辽河流域为中心，辽西青铜短剑文化的分布范围西起努鲁儿虎山，东至医巫闾山，北自柳河上游，南达山海关，以大小凌河流域为中心。大致可分为早中晚三期：早期，以喀左和尚沟曲刃短剑墓[8]和锦西乌金塘[9]为代表，时代可确定为西周晚期至春秋早期；中期，以朝阳十二台营子[10]和喀左南洞沟石椁墓[11]为代表，上限自春秋中期，下限不晚于战国早期；晚期，以凌源三官甸[12]和喀左老爷庙墓[13]为代表，年代约相当于战国早期至战国中期前后。辽河下游有以沈阳郑家洼子第6501号大墓为代表的曲刃青铜短剑文化[14]。

春秋战国之际出曲刃青铜短剑的墓葬同时随葬典型燕式铜礼器，如喀左南洞沟石椁墓出土的绳纹夔纹铺，以绳纹为界分割单元，内填细蟠虺纹；凌源三官甸青铜短剑墓出土的团花纹铜鼎，造型具有燕

文化的特点，纹饰独特。辽西走廊西端的葫芦岛市建昌县东大杖子发现的战国中晚期大型墓地[15]，出土各类遗物近千件，不仅有成套燕式仿铜彩绘陶礼器，还有具东北土著文化特色的金饰柄曲刃青铜短剑，一同出土的还有各类青铜兵器、车马器及甗、成套的鼎豆壶等中原青铜礼器，铜器是东大杖子墓地出土数量最多的一类器物。说明这是一处中原墓葬风俗与当地少数民族墓葬特点相结合的墓葬群，表明当地或来自东部民族对燕国礼制的逐步接受，在这一融合过程中可能已形成政治和文化中心。对研究公元前3～公元5世纪前后东北乃至北方地区有关民族的活动、燕文化、燕秦汉统辖东北地区的历史背景等，具有很高的学术价值[16]。

青铜短剑文化在东北青铜文化中始终占有主导地位，使东北地区青铜文化，在形成地域特色的同时，仍保持和中原地区同步发展的趋势。随着铁器的推广进而燕文化的强势，这一民族文化的交流融合从战国中期起越过医巫闾山，以点线到面的态势向辽东甚至更远地区深入，一方面为燕秦汉王朝在辽宁地区建立郡县、秦汉帝国的统一并得以长期延续做好了准备，另一方面也将东北亚古文化推进到一个新的历史阶段，到汉代出现了以辽阳（襄平）为中心沿边地区的一度繁盛。

远在商周时期，燕受封一始，其势力范围已越过燕山到达辽河流域，战国时燕始设郡，就已远达辽东。秦汉因之，继续开发东北地区。商周以后，北方及东北地区民族活动进一步活跃，文献记载增加，内容亦较为具体。这时的文化交流及与中原王朝的关系也进入新阶段。考古发现的秦汉碣石宫遗址[17]，是统一多民族国家形成的象征，它是一处以石碑地为中心，止锚湾、黑山头为两翼组成的一宫双阙的大型夯土高台建筑，再加上周围的附属建筑，面积达25平方千米。整个遗址是一处兼有苑囿和礼仪性质的大型行宫遗址，为秦始皇东巡碣石，"择地作东门"（《史记·秦始皇本纪》）的帝国国门之所在。碣石宫遗址是秦汉统一的多民族国家形成的象征，也是秦汉

中央政权开发东北地区的纪念碑。燕秦时期统一战争中的遗存在辽宁地区多有发现，主要是青铜兵器，如燕王职戈、燕王喜剑、秦元年丞相戈、三年丞相矛、春平侯铍等。

在中原先进经济文化的影响下，东北各族在秦汉时期开始从落后状态中加速进步。匈奴、乌桓等族与中原接触地带很广而时间又很长，自然受到汉文化很深的影响。在辽宁西丰西岔沟近千座墓葬组成的西汉时期古墓群中[18]，出土了大量的长矛、短剑、刀、响箭等成套的铁兵器和马具，墓葬中存在的殉马习俗，反映出这是一个善骑射、驯马的民族。此外，还有少数铁镰、铁锄等农具，说明当时东北的游牧民族在从事游牧业以外，同时兼营部分农业。同出的西汉铜镜及汉五铢钱，表明汉文化的影响程度。同时，普遍出土的一种用于皮带上绞具的雕花铜饰牌，以鹰虎捕斗、兽畜撕咬、畜犬追逐等动物花纹装饰，形象写实，动感强，多变化，一派草原风格，透露着骑马民族那种"引弓之国""控弦之士"，朝发夕至，来去无定的放牧、射猎与征战生涯。西岔沟古墓群的族属一直存在争议，有匈奴、乌桓、扶余等族说，同类遗存也见于广大蒙古草原，可见当时游牧民族往来驰骋跨度之大，这样大跨度的东西往来有助于游牧民族文明的传播和农牧文化的交流。

辽宁历年的考古工作揭示，在沈阳市以及辽阳市围绕战国至汉代古城所在地的老城区，从西汉初到汉魏时期有数量以千百计的规模较大、分布密集的墓群。西汉时期，沈阳地区开始出现县的建制，目前发现的战国至汉代古城址有候城、魏家楼子城址、上伯官屯城址等，周边的汉代古墓群有热闹街墓、上伯官墓、伯官屯墓、大南益文墓、沈州路墓、红宝山墓、八家子墓等[19]，这些墓葬的年代从战国至两汉，甚至晚到魏晋时期。东汉末年，公孙度据辽东郡首府襄平（今辽宁省辽阳市），统治辽东、辽西郡，这里一直是公孙氏等望族属地，在今辽阳西北部北园、三道壕、上王家一带保留着许多与公孙氏有关的壁画墓[20]。这些墓葬里出土的青铜器多见汉式铜镜，青铜容器少见。抚顺刘尔屯西汉墓地除出土有星云镜、昭明镜等典型西汉铜镜外，还出有铜扁壶、三足铜樽、铜鋗镂等青铜容器，亦是西汉时期的风格。

辽东出土的青铜器主要在大连地区，两汉时期，大连地区是辽东郡沓氏县、文县的辖境，为其经济和社会发展提供了保障。大连地区的汉墓发现，除1931年发现的套室结构壁画墓的大连市营城子东汉壁画墓外，营城子第二地点 M76 是迄今大连地区乃至中国东北地区出土汉代青铜器最多的汉代墓葬，不但随葬有鼎、樽、承旋、盘等青铜器，还随葬有金质龙纹带扣、玉剑、兽钮铜印等珍贵文物[21]，同一墓地还随葬有铜鼎、铜鋗镂、铜泥筒等青铜器[22]，普兰店张店汉城周边姜屯墓地发掘有随葬鎏金铜车马明器、铜贝鹿镇、玉覆面特别是玉圭璧组合的等级较高的墓葬群[23]，说明辽南地区在东北地区两汉时期的繁荣过程中文化延续较长，对东北及东北亚地区古文化也有很大的影响。

汉以后，在中国历史上长达三个多世纪的五胡十六国时期和南北朝时期，中原王朝失去了对辽东的控制能力，辽宁乃至东北地区遂成为慕容鲜卑和高句丽争夺的战场。北方民族的大迁徙和大融合，先后崛起的鲜卑、契丹、蒙元、满族在全面吸收先进汉文化的同时，也在辽宁地区遗留下丰富的文化资源。

注释

① 齐亚珍、刘素华：《锦县水手营子早期青铜时代墓葬》，《辽海文物学刊》1991 年第 1 期。

② 徐秉琨、孙守道：《东北文化——白山黑水中的农牧文明》，上海远东出版社、商务印书馆，1998 年。

③ 辽宁省博物馆、朝阳地区博物馆：《辽宁喀左县北洞村发现殷代青铜器》，《考古》1973 年第 4 期。

④ 热河省博物馆筹备组：《热河凌源县海岛营子村发现的古代青铜器》，《文物参考资料》1955 年第 8 期。

⑤ 徐秉琨、孙守道：《东北文化——白山黑水中的农牧文明》，上海远东出版社、商务印书馆，1998 年，第 69 页。

⑥ 王云刚、王国荣、李飞龙：《绥中冯家发现商代窖藏铜器》，《辽海文物学刊》1996 年第 1 期；建平县文化馆、朝阳地区博物馆：《辽宁建平县的青铜时代墓葬及相关遗物》，《考古》1983 年第 8 期。

⑦ 曹桂林、庄艳杰：《法库湾柳街遗址新出土的青铜时代器物》，《辽海文物学刊》1997 年第 1 期。

⑧ 辽宁省文物考古研究所、喀左县博物馆：《喀左和尚沟墓地》，《辽海文物学刊》1989 年第 2 期。

⑨ 锦州市博物馆：《辽宁锦西乌金塘东周墓调查记》，《考古》1960 年第 5 期。

⑩ 朱贵：《辽宁朝阳十二台营子青铜短剑墓》，《考古学报》1960 年第 1 期。

⑪ 辽宁省博物馆、朝阳地区博物馆：《辽宁喀左南洞沟石椁墓》，《考古》1977 年第 6 期。

⑫ 辽宁省博物馆：《辽宁凌源三官甸青铜短剑墓》，《考古》1985 年第 2 期。

⑬ 李国学、万欣：《辽宁喀左老爷庙石室墓发掘简报》，《北方文物》1993 年第 1 期。

⑭ 沈阳故宫博物院、沈阳市文物管理办公室：《沈阳郑家洼子的两座青铜时代墓葬》，《考古学报》1975 年第 1 期。

⑮ 辽宁省文物考古研究所、葫芦岛市博物馆、建昌县文物局：《辽宁建昌东大杖子墓地 2000 年发掘简报》，《文物》2015 年第 11 期；辽宁省文物考古研究所、葫芦岛市博物馆、建昌县文物局：《辽宁建昌县东大杖子墓地 2001 年发掘简报》，《考古》2014 年第 12 期；

辽宁省文物考古研究所、葫芦岛市博物馆、建昌县文物局：《辽宁建昌县东大杖子墓地 2002 年发掘简报》,《考古》2014 年第 12 期；辽宁省文物考古研究所、吉林大学边疆考古研究中心、葫芦岛市博物馆、建昌县文物管理所：《辽宁建昌县东大杖子墓地 M40 的发掘》,《考古》2014 年第 12 期；辽宁省文物考古研究所、吉林大学边疆考古研究中心、葫芦岛市博物馆、建昌县文物管理所：《辽宁建昌县东大杖子墓地 M47 的发掘》,《考古》2014 年第 12 期；辽宁省文物考古研究所、葫芦岛市博物馆、建昌县文物管理所：《辽宁建昌东大杖子墓地 2003 年发掘简报》,《边疆考古研究》（第 18 辑），科学出版社，2015 年。

⑯ 郭大顺：《汇聚与传递——古代辽宁序》，《古代辽宁》，文物出版社，2017 年，第 13 页；华玉冰、孙建军：《辽宁建昌东大杖子墓地——燕与土著文化的交流》，《大众考古》2016 年第 10 期，第 28~32 页。

⑰ 辽宁省文物考古研究所：《姜女石——秦行宫遗址发掘报告》，文物出版社，2011 年。

⑱ 孙守道：《"匈奴西岔沟文化"古墓群的发现》，《文物》1960 年第 8、9 期合刊。

⑲ 张永珍：《辽沈地区汉魏晋墓葬的类型与分期研究》，吉林大学 2007 年硕士学位论文。

⑳ 刘未：《辽阳汉魏晋壁画墓研究》，《边疆考古研究》（第 2 辑），科学出版社，2004 年。

㉑ 刘俊勇、刘婷婷：《大连地区汉代物质文化研究》，《辽宁师范大学学报》（社会科学版）第 35 卷第 1 期，2012 年；刘金友、王飞峰：《大连营城子汉墓出土金带扣及相关研究》，《北方文物》2015 年第 3 期。

㉒ 大连市文物考古研究所：《大连汉墓博物馆馆藏文物图录》，辽宁美术出版社，2016 年，第 12~20 页。

㉓ 辽宁省文物考古研究所：《姜屯汉墓》，文物出版社，2013 年。

辽宁省博物馆藏先秦时期有铭青铜器一览表 *

藏品号	名称	年代	来源	形态特征	重量	著录	备注
8122	二字方印戈	战国	处拨	横长 18.45、胡长 9.7、刃宽 2.55、刃厚 0.6 厘米。 黄铜，长胡三孔，内端有大圆孔，秘内两面有小方印式二字款。	210 克		
8123	铜戈	战国	原藏	横长 21.2、胡长 10.85、刃宽 3.3、厚 0.8 厘米。 黄铜，长身短胡，面有伪款，刃尖残缺。 黄铜涂金。	270 克		
8125	郏大司马之造戈	周	原藏	横长 17.1、胡长 8.8、刃宽 2.7、厚 0.6 厘米。 青铜，长锋长胡，三穿，内断缺，胡下面有篆书铭文。	120 克	《集成》11206	伪款，内残缺
8130	铜戈	秦	处拨	横长 19.45、胡长 12.95、刃宽 2.9、厚 0.6 厘米。 青铜，窄长锋，长胡三穿，内残断，有伪刻款。	155 克		伪款，刃微残
8131	铜戈	战国	原藏	横长 17.2、胡存长 5.8、刃宽 2.8、厚 0.4 厘米。 青铜，短锋，秘旁三穿，内有横孔。胡下端残，戈身有伪刻鸟虫书。	125 克		玄（？）廖□□之□ 6 字残（唐兰）
8132	铜剑	战国	原藏	长 32.3、宽 3.27、厚 1.1 厘米。 青铜，双锋平齐，剑身厚重，有一行伪款。	330 克	《集成》11612	郾王喜等 7 字（唐兰）
8133	铜戈（王子□之戕戈）	战国	处拨	横长 12.6、胡长 9.38、刃宽 2.3、厚 0.75 厘米。 青铜，短锋，秘有三孔。内全部残断，伪款两行。	140 克	《集成》11162	王子□之戕等 6 字（唐兰）

* 1. "来源"栏中"处拨"中"处"指原东北文物管理处；"原藏"指原东北博物馆藏。

　 2. 此表记录的文字、时代遵循馆藏文物卡，基本未作改动，因此在释文、时代上会与正文有出入，在此仅做原始记录。

　 3. "著录"栏中《集成》指《殷周金文集成》（中国社会科学院考古研究所编，中华书局，2007 年）；《精萃》指《辽宁省博物馆藏金石文字精萃》（杨仁恺、刘宁主编，艺友斋，1999 年）。

藏品号	名称	年代	来源	形态特征	重量	著录	备注
8137	铜戈	战国	原藏	横长 20、胡长 10.05、刃长 2.9、厚 0.4 厘米。 青铜，长刃胡较短，胡有二穿，内有横孔。 一字伪款。	175 克	《集成》10818	臧 1 字（唐兰）
8138	铜戈（邛季之孙戈）	战国	处拨	横长 24.9、胡长 9.5、刃宽 3.7、厚 0.65 厘米。 青铜，长锋稍曲，胡有四穿，内有一横孔。 伪刻三行款在内端，胡下微残。	285 克	《集成》11252	邛季之孙等 9 字（唐兰）
8146	铜戈（史孙□丘戈）	战国	原藏	横长 19.2、胡长 7.2、刃宽 3.1、厚 0.4 厘米。 青铜，锋刃微曲，秘侧三孔，内有一横孔。 伪款，胡下端残缺。	125 克	《集成》11069	史孙□丘等 5 字残（唐兰）
8151	铜戈	秦	处拨	横长 24.8、胡长 15.5、刃宽 3.4、厚 0.7 厘米。 青铜，长锋长胡，内刃稍曲，秘侧四孔，内有横孔，三面刃，伪刻成固款。 伪款。	360 克		
8165	铜剑	周	处拨	长 46.4、宽 4.76、厚 1.1 厘米。 青铜，两面起脊，宽锋直刃，带把，有木鞘锈痕，一面有伪刻款两行。 伪款，把后段缺。	740 克		
8216	嵌金字铜剑（虞公白剑）	战国	原藏	长 47、宽 3.95、厚 0.93 厘米。 青铜，起脊，双锋长刃。 后加金字，尖断。	620 克	《集成》11663	1954 年 7 月 21 日修理
8218	鱼鼎匕	周	原藏，传山西浑源出土	全长 18.87、勺径 5×3.8、厚 0.3 厘米。 青铜，把断，上端微缺，内有错金两面铭"□曰祰又蚨人。墜王鱼鼎，曰钦哉出游。水□□虫，下民无智。参至蚩蚘，命帛命入懝，蒯入蒯出，毋处其所"十行四十字。 把断，把端稍缺。	61.1 克	《集成》980	1954 年 7 月 27 日修理
8220	安国侯铜虎符	汉（编者按：战国）	原藏	长 7.8、宽 2.78、厚 1.55 厘米。 青铜，卧虎形，仅存一半。有错银"与安国侯为虎符第三"两行九字款。	79.5 克		

续表

藏品号	名称	年代	来源	形态特征	重量	著录	备注
8223	铜矛	战国	原藏	长16.05、宽3.09、厚2.12厘米。青铜，两面平脊，窄刃长锋，裤下端残缺，一面脊上有三字凿款。刃微伤。	165克		
8224	铜矛（行諨鏒矛）	战国	原藏	长15.18、宽2.35、厚1.65厘米。青铜，两面平脊，窄刃长锋，孔下面有伪刻款三字。伪刻字。	74.7克	《集成》11491	行諨鏒3字（唐兰）
8225	燕王矛	战国	原藏	长12.65、宽2.45、厚1.8厘米。青铜，两面起线脊，窄刃长锋，下有圆裤，两穿孔，一面有"燕王□作□□"款。	74.2克	《集成》11516	
8226	蟠夔纹铜勾兵（大祖日己戈）	殷	原藏，传易县出土	长27.53、宽4.29、厚0.75厘米。青铜，横刃稍曲，内端蟠夔纹，下面刻"大祖日己祖日丁祖日乙祖日庚祖日丁祖日己"款。	250克	《集成》11401	
8227	蟠夔纹铜勾兵（祖日乙戈）	殷	原藏，传易县出土	长27.63、宽4.2、厚0.78厘米。青铜，横刃稍曲，内端蟠夔纹，下面刻"祖日乙大父日癸大父日癸中父日癸父日辛父日己"款。	260克	《集成》11403	
8228	蟠夔纹铜勾兵（大兄日乙戈）	殷	原藏，传易县出土	长26.13、宽5.1、厚0.69厘米。青铜，横刃稍曲，内端蟠夔纹，下面刻"大兄日乙兄日戊兄日壬兄日癸兄日丙"款。	275克	《集成》11392	
8247	右目工□铜镞	秦	原藏	长5.28、宽1.02厘米。青铜，三锋式，一面有"右目工□"四字款，铁柄。	13.2克		
8249	瘩军铜镞	战国	原藏	长4.65、宽1.27厘米。青铜，三棱式，一面有"瘩军"二字款。铜裤残缺。	17.6克		
8291	秦权铜诏版	秦	原藏	长10.68、宽9.28、厚0.6厘米。青铜方形，上刻诏文："廿六年，皇帝尽兼并天下，诸侯黔首大安，立号为皇帝，乃召丞相状绾，法度量则不一，歉疑者皆明一之。"悬鼻上有一字。鼻残，文字部分模糊。	255克		
8297	饕餮纹铜爵	殷	原藏	全高21.2、足高9.7、流尾长19.15、腹径6.8厘米。青铜三足有鋬，腰部细花饕餮纹，窄长流，短柱，鋬内有铭文，模糊不可识。尾部中断，可修复（原修又脱）。	865克		

藏品号	名称	年代	来源	形态特征	重量	著录	备注
8298	饕餮纹铜爵	殷	原藏	全高 19.7、足高 7.3、流尾长 16.1、腹径 5.9 厘米。 青铜，细饕餮纹，鋬内有人执旗形款。 口微伤，一柱基有裂璺。	545 克	《集成》07422	㫃 1 字（唐兰"旅"）
8300	粗细饕餮纹爵	殷	处拨	全高 19.3、足高 7.65、流尾长 15.6、腹径 6.6 厘米。 青铜兽首鋬，腰部粗细饕餮纹，上有三角饕餮纹。 一足脱落，可复原，一足尖缺，鋬内伪刻铭文二字。	470 克		
8303	弦纹铜爵	周	原藏	全高 19.4、足高 7.7、流尾长 17、腹径 5.9 厘米。 青铜，腹部弦纹两道，兽首鋬，柱头有花纹。 鋬内伪刻铭文二字。	640 克		
8306	方裤铜斧	战国	原藏	长 9.7、宽 3.75、厚 2.55 厘米，刃宽 4.1 厘米。 青铜，扁方裤，窄刃斧，宽面一侧有菱形孔，一面有圆孔，下有王字阳文款。	275 克		
8311	秦二十六年诏文铜权	秦	原藏	长 3.05、宽 4.9 厘米。 青铜铸造，馒头形，上有鼻，有"廿六年皇帝尽并兼天下，诸侯黔首大安，立号皇帝，乃诏丞相状绾，法度量则不一，歉疑者皆明一之"诏文。鼻钮残。	260 克		
8312	秦二十六年诏文铜权	秦	原藏	长 3.1、宽 4.5 厘米。 青铜铸造，馒头形，上有鼻，有"廿六年皇帝尽并兼天下，诸侯黔首大安，立号皇帝，乃诏丞相状绾，法度量则不一，歉疑者皆明一之"诏文。	235 克		
8313	秦二十六年诏文铜权	秦	原藏	长 3.6、宽 4 厘米。 青铜铸造，馒头形，上有鼻，有"廿六年皇帝尽并兼天下，诸侯黔首大安，立号皇帝，乃诏丞相状绾，法度量则不一，歉疑者皆明一之"诏文。	230 克		
8323	燕王喜铜矛	战国	原藏	长 24、宽 3.4、厚 1.55 厘米。 青铜，圆裤两孔，漫脊，窄刃长锋，裤有"燕王喜□□□"款。 锋中断，刃微伤。	270 克	《集成》11528	1954 年 5 月 22 日修理

续表

藏品号	名称	年代	来源	形态特征	重量	著录	备注
8328	铜矛（平都矛）	战国	原藏	长 16.1、宽 2.85、厚 1.1 厘米。青铜铸造，两面起脊，窄锋直刃，下有椭圆裤，二孔，一面有"隰成平都"，一面有"欠陵□□"凿款。	120 克	《集成》11542	
8333	父乙铜爵	殷	原藏	全高 22.7、足高 9.6、流尾长 17、腹径 6.1 厘米。青铜，腹有雷纹式饕餮纹，高足长身，鋬内有"父乙"二字款。	830 克	《集成》7947	
8334	车軏铜铃	殷	原藏	长 33.2、宽 5.4、厚 0.8 厘米。青铜铸造，中有漫圆扁板，上有八角星纹，两端有圆弓形，头垂一铃，板两端有钉孔，装于车軏。背有伪刻一字款，断为三段。	635 克		1954 年 5 月 22 日修理
8378	铜勾兵（戈）	殷	原藏	全长 19.5、刃长 14.5、宽 7.05、厚 0.85 厘米。青铜，宽刃横锋，后有椭圆柄孔，刃基部下端有一孔，内上面有齿纹。	330 克	《集成》10769	齿戈（有釨）1 字（唐兰）
8383	十一年大铜矛	战国	原藏	全长 30.4、刃长 20.7、宽 4.7、厚 1.9 厘米。青铜，两面起脊，直刃长身，后有椭圆裤，一面有"十一年阑"等铭款三行。	460 克	《集成》11561	
8394	叔五父盘	战国	原藏	高 8.2、口径 38.8、足高 4 厘米。青铜，圆形，盘身稍残，两面有附耳，上有蟠螭花纹，下有三短足，盘内有伪刻篆款三行。伪款，裂璺两道，有残缺。	2.45 千克		
8402	子父庚卣	殷	原藏	通高 18.7、口径 9.8×7.8、腹径 11.6×15.8、底径 9.4×12.4 厘米。青铜，椭圆形，圈足，口边有雷纹带，中加兽面纹，绳形提梁，上有盖，盖内及器底有"子父庚"三字款。提梁断，底足微伤，均可修复。	1.74 千克	《集成》4969	1954 年 7 月 27 日修理
8431	自作其狀钟	战国	原藏	全高 26.6、筒高 15.4、舞径 10.4×7.16、下径 11.8×8.5 厘米。青铜铸造，每面十八乳，螭虺纹，角上有兽头式悬鼻。中有"自作其狀钟"刻款，疑似伪刻。	2.58 千克	《集成》00007	

续表

藏品号	名称	年代	来源	形态特征	重量	著录	备注
8432	冊子❦父乙觚	殷	原藏	高31、口径16.7、腹径5.8、底径9.2厘米。 青铜铸造，腹座四脊饕餮纹，口为蕉叶纹，均为凸起线阳纹。与一般作法不同，底径内有"冊子❦父乙"款。 罗振玉《梦郼草堂续编著录》（二十七图），容庚《商周彝器通考》酒器觚项第四著录（图版第560）。	1.44千克	《集成》7092	
8433	饕餮纹觚（舌觚）	殷	原藏	高28.9、口径16.2、腹径5.65、底径9.7厘米。 青铜铸造，腰座四脊粗细花饕餮纹，上为蕉叶式蝉纹，腹下有十字透孔，座内一字刻款。 假款，有错。	1.23千克		舌一字（唐兰）
8434	伯骆尊	周	原藏	高19.6、口径18.2、腹径13.5、底径12.9厘米。 青铜，圈足，圆身侈口，肩部有三线兽头纹，器内底有"自骆作宝尊彝"款。 花纹形式简洁，铭款字体雄壮，当为西周初期礼器。	1.68千克	《集成》5845	
8436	郑子簠盖	东周	原藏	高7.3、口径24.9×17.4厘米。 青铜铸造，蟠螭纹，两头有兽头耳，盖内有"郑子作口簠㽵鸟其行器永寿用"铭。 口及足均有残破。	1.21千克	《集成》4545	
8438	饕餮纹甗	周	原藏	高47.2、口径30.2、腹径28.5、耳高7.3、足高11.2厘米。 青铜铸造，三足圆腹，颈部有饕餮纹带，双直耳，蒸箅遗失，三足后镶兽头花纹，器内有亚鸟人形刻款。 伪款，补足上兽纹。	—		
8439	饕餮纹鼎	周	原藏	高29.6、口径24.3、腹径25.8、耳高5.2、足高9.2厘米。 青铜，圆腹起三脊为饕餮纹，颈有涡纹凸起装饰带，两直耳内有"大祝禽鼎"刻款。 一足修补，铭款补刻，篆法刻工拙劣不堪。	5.13千克		

续表

藏品号	名称	年代	来源	形态特征	重量	著录	备注
8443	三兽盖弦纹鼎	战国	原藏	高 28.5、口径 22、腹径 24.7、足高 12.5 厘米。 青铜铸造，椭圆形，三兽足，两附耳，腹部有弦纹一道，圆盖上有提环，弦纹两道，三兽形，反置可为盛器，盖内有亚鹿刻款。 伪款。	4.965 千克		
8445	弦纹鬲	周	原藏	高 13.8、口径 10.9、 腹径 10.7、耳高 2.75 厘米。 青铜铸造，三足，口稍侈，两立耳，颈部弦纹两道，内有"天马"二字款。 款伪刻。	540 克		
8457	白虘簋	周	原藏	高 27.5、身高 14.6、足高 4.6、口径 22.3、腹径 28.3、底径 24.8 厘米。 青铜铸造，圆形圈式三兽足，口边穷曲（编者按：即窃曲）带纹，下为瓦纹，两侧有牺首把，下有珥，上有圆圈把手盖，穷曲瓦纹与器体花纹同，器内底部有"白虘虘肇作皇考刺公尊殷用享用孝万年眉寿盷在立子子孙孙永宝"铭。 盖宋代补铸。	—	《集成》4093	
8462	饕餮直线纹簋（父癸簋）	殷	原藏	高 13.5、口径 19.4、腹径 18、底径 15.2 厘米。 青铜铸造，圈足，圆形，侈口，足有饕餮纹，胫有牺首圆球，间兽纹装饰带，下为直线纹，两侧有兽头耳，下有珥，器底有父癸伪刻辞两行，圈足内有旗帜形字。 口底边两处修补。	1.56 千克		
8467	饕餮纹四管足方器座	殷	原藏	全高 8.8、每面全宽 9.2、体每面宽 6.3、体高 4.3 厘米，口径 2.2、管径 3 厘米。 青铜铸造，无底方形器，上面有圆孔，四角各有一蝉纹圆管，下有圆足，上面管口内锈有木器痕迹，极为显著，方器四方各一饕餮纹，上面一边有伪刻"亚"字款。 有伪刻款。	660 克		

藏品号	名称	年代	来源	形态特征	重量	著录	备注
8471	圈盖蟠虺纹大鼎	战国	原藏	通高 37.3、身高 22.7、耳高 10.7、足高 11.6、口径 32.2 厘米。 青铜铸造，圆形三足，两附耳，腹部凸起绚纹一道，口边为方式蟠虺带纹，下有蟠虺垂叶，足面有蟠虺组成兽面纹，上有圈式把手，平盖，盖上亦有绚纹及蟠虺带纹，器及盖均有后刻铭文。 盖原有裂痕，一足端中断。	12.4 千克		
8476	饕餮纹觚	殷	处拨	高 29.9、口径 16.2、腹径 4.8、底径 9.6 厘米。 青铜铸造，大座，腹部凸起，各有四脊，足有粗细花饕餮纹，上边有蝉带纹，腹部为夔凤组成之饕餮纹，侈口有长蕉叶蝉纹，足内有伪刻二字款。 假款。	1.06 千克		
8486	雷乳纹鼎	殷	处拨	高 20.4、口径 15.9、腹径 16.3、足高 6.2、耳高 4 厘米。 青铜铸造，圆形，口边夔带纹，腹部斜方格雷乳纹，三直足各有垂叶式蝉纹，两直耳外有兽纹，底内伪刻"子癸"款。 伪款。	1.98 千克	《集成》1317	
8491	弦纹鼎（孟𝄞鼎）	周	处拨	高 16.6、口径 15.4、腹径 15.6、足高 5.6、耳高 2.6 厘米。 青铜铸造，圆腹，口稍小，宽边，腹有弦纹一道，三直足直耳，内有伪刻三字款。 伪款。	1.15 千克		孟𝄞乍 3 字（唐兰）
8492	饕餮纹斝	殷	处拨	高 31.8、口径 20、腹径 16.3、足高 12.6、柱高 5.5 厘米。 青铜铸造，圆形侈口，腹部有两层饕餮纹，下有三足，口有伞状柱二，旁有牺首式鋬，内底有二画字伪刻款。 耳足及部分真品，凑补于假器身上。	4.15 千克		1954 年10 月 16 日修理注销

续表

藏品号	名称	年代	来源	形态特征	重量	著录	备注
8493	𠂤斝	殷	处拨	高 29.9、口径 17.3、腹径 17.4、足高 11、柱高 7.6 厘米。 青铜铸造，圆腹，缩颈，侈口，颈部有夔带纹，三足，两圆高钮方柱，钮上有三角式蝉纹，桥状鋬，底内有𠂤字款。 一柱唇部折裂，可复原。 𠂤是殷代某族族徽，所制铜器遗留于今者不少，有父辛鼎，父丁鼎，父己簋，𠂤觚，𠂤觯，𠂤方彝，父辛觥，见于《商周彝器通考》。	2.67千克	《集成》9155《精萃》24	
8496	弦纹簋	殷	处拨	高 12.3、口径 19、腹径 18、底径 14.85 厘米。 青铜铸造，圈足，圆形，侈口，口下有弦纹两道，底下有直纹铸痕，圈足基部有三方孔，内底有伪刻三字。 伪刻款。	1.47千克		注销
8498	并尊	殷	处拨	高 17.5、口径 17.3、腹径 14.2、底径 12.4 厘米。 青铜铸造，圈足，圆形，侈口，腹部有牺首双弦纹，内底有"并作旅彝"款。	1.57千克	《集成》5770《精萃》25	
8499	蟠夔纹簋	殷	处拨	高 14.5、口径 20.3、腹径 19.1、底径 16 厘米。 青铜铸造，圈足，圆形，侈口，口下及圈足外雷纹地夔带纹，两侧有兽首耳，有珥，内底有鱼形款。	2.82千克	《集成》2982	
8509	铜剑残段	战国	原藏	存长 16.3、宽 3.1、厚 0.75 厘米。 青铜铸造，两面平脊，窄刃长锋，脊上有凿款两行存十三字。 为铜剑或铜矛之残段。	160克		
10242	铜戈	战国	原藏	全长 27.4、刃长 16.65、刃宽 3.05、刃厚 0.6、胡长 10.3 厘米。 青铜，胡稍长，内端有刃，中一横穿，一面有款似伪刻。 内断。	340克		廿四（？）年□令戈，三行约 20 字，先印后刊（唐兰）
10244	铜勾兵（万戈）	殷	原藏	全长 24.2、刃长 17.3、刃宽 5.1、刃厚 0.68 厘米。 青铜，横刃稍内曲，内端有后刻花纹，极为拙劣，内中部有一圆孔。 后刻花纹。	400克		万 1 字。商器（唐兰）

藏品号	名称	年代	来源	形态特征	重量	著录	备注
10269	铜戈（𤔔子戈）	战国	原藏	全长25.4、刃长16.7、刃宽3.65、刃厚0.9、胡长8.8厘米。青铜，援下刃稍内曲，胡较长，近阑有三穿，长方形内，下面有印，中有一横穿。援、胡二字伪刻。	340克		𤔔子戈（唐兰）
10273	曹右定步戈	战国	原藏	全长18.55、刃长11.8、刃宽2.2、刃厚0.5、胡长5厘米。青铜，援窄而长，胡较长，近阑双穿，长方内，中一横穿，胡上有"曹右庭步戈"铭款。字伪款。	70克	《集成》11070	曹右庭敔戈（唐兰）
10280	铜剑	周	原藏	全长34.85、刃长26、刃宽3.8、刃厚0.7厘米。青铜，双刃起脊，剑身较宽，后为圆筒式把。前段残缺，修磨，有伪款一行。	360克		
10283	铜剑	周	原藏	全长44.45、刃长35.45、刃宽4.15、刃厚0.8厘米。青铜，双刃起脊，剑身较宽，镡把俱全。文字伪刻。	580克		注销
10291	铜槊（编者按：铜矛）	战国	原藏	全长20.35、刃长17.85、刃宽15.7、刃厚0.3厘米。青铜，两刃薄板状长锋，后有菱方柄裤，两侧环鼻。环鼻残缺，前尖断，文字伪刻。	150克		
10301	铜矛	周	原藏	长存11、刃长存7.5、刃宽2.2、刃厚1.8厘米。青铜，菱方形矛身，后连管状柄裤，一面有钉孔，下有铭文二字，模糊不可识。裤修补。	60克	《集成》11476	
10316	左右军铜镦	战国		长6.1、孔径3.6×3.8厘米。青铜，椭圆筒形，平底，两面有钉孔，一面有"左右军"款。款伪刻。	80克		应该是"左右库"
10344	燕王矛	战国	原藏	全长12.1、刃长7.9、刃宽2.3、刃厚1.7厘米。青铜，菱形双刃直锋，两面高线起脊，后连圆筒形裤，上下有山状纹，一面有燕王等两行铭款。	50克		李文信认为铭疑伪刻

续表

藏品号	名称	年代	来源	形态特征	重量	著录	备注
10353	楚式铜勺	战国	原藏	柄长 13.9、勺径 12.1×13.4 厘米。青铜，勺如箕形，后有圆筒式把，把下有"俚棠夆陈共为之"款。把上残缺，文字不全。由铭款看，知是楚器。	500 克	《集成》978	1954 年 7 月 27 日修理
10367	八斤诏文铜权	秦	原藏	高 5.7、底径 9.8 厘米。青铜，馒头形，上有环鼻，一面凸起"八斤"字，旁有"二十九年皇帝尽兼并天下诸侯黔首大安立号为皇帝，乃诏丞相状绾法度量衡则不一兼疑者皆明一之"凿款。	1.8 千克		
10501	子字弦纹爵（子爵）	西周	原藏	高 17.85、口径 16.1×7.45、腹径 6.3、足长 6.7 厘米。青铜，圆底，短柱，桥状鋬，腰部有三线弦纹，鋬内有"子"字铭。尾尖折断。	580 克	《集成》7319	1954 年 7 月 27 日修理
10503	饕餮纹爵	殷	原藏	高 20.3、口径 18.4×8.2、腹径 6.5、足长 8.4 厘米。青铜，圆底，牺首式鋬，腹部有细雷纹组成之饕餮纹，鋬内有虎形纹款。	780 克	《集成》7508	
10505	饕餮纹残爵	殷	原藏	高 17.5、口径 14.3×6.75、腹径 5.85、足长 6.8 厘米。青铜，牺首式鋬，粗细线饕餮纹，鋬内有一字铭文。	460 克		
10506	饕餮纹爵	殷	原藏	高 20.25、口径 17.3×8.2、腹径 6.6、足长 7.5 厘米。青铜，腹部饕餮纹，近鋬处显著，余都漫灭不清，鋬内有一字铭文。一柱残缺。	610 克		注销
10562	𤯅𤯅鎏金铜盖弓橑末（鎏金铜盖弓帽）	周	原藏	长 6、孔径 1.6 厘米。青铜，短管状，一面有拒爪形小枝，下端一面有阳文二字款，全体鎏金	20 克		
10642	大父乙勾兵	殷	原藏	1. 全长 36.4、刃长 24.9、刃宽 7、刃厚 0.6 厘米；2. 全长 36.4、刃长 24.9、刃宽 7.05、刃厚 0.6 厘米。青铜，刃稍内曲，两刃起脊，刃微研磨，绣有织物残片，内有夔首纹，中有"大父乙"铭。	1：330 克 2：340 克	《集成》10658《精萃》23	

藏品号	名称	年代	来源	形态特征	重量	著录	备注
10662	弦纹觯	周	原藏	高 10.4、腹径 7.6×5.95、底径 6.4×5.05 厘米。 青铜，体扁圆，圈足，口稍侈。 内有二字伪款。	220 克		
10689	弦纹鼎（粦父丙鼎）	周	原藏	全高 28.1、身高 22.9、足高 8、口径 23.8、腹径 23.9 厘米。 青铜，三直足，口下弦纹两道，两绳纹直耳。 一耳及口边裂破，可复原，有伪刻"父丙"款。	4.34 千克	《集成》1568	粦父丙鼎 3 字（唐兰）
10691	𤸫叔鼎	周	原藏	全高 21.5、足高 6.7、身高 16.7、口径 22.3、腹径 21.3 厘米。 青铜，半球形，有三足，两直耳，腹部弦纹，口边窃曲带纹，里有"𤸫叔樊作易姚宝鼎用享孝于朕文且其万年无疆子子孙孙用宝用"铭。 铭文为嵌入之刻字铜板。 《十二家吉金图录》居五及《商周彝器通考》四十三页，均著录图像，并不知其铭文伪作。	2.37 千克	《集成》2679《商周彝器通考》43 页	𤸫弔樊鼎，十二家及商周彝器通考著录铭系刻后加入（唐兰）
10692	弦纹鼎	周	原藏	全高 22.5、身高 18.5、足高 7.2、口径 19.65、腹径 20.4 厘米。 青铜，漫平底，三立足，颈有弦纹两道，双直耳。 伪刻"乍旅鼎"三字款。 有大破孔。	2.03 千克		乍旅鼎（鼎字作𣄰，与上不直接，但似非后刻）（唐兰）。注销
10696	弦纹鼎（穀鼎）	周	原藏	全高 18.2、身高 15.4、足高 6.5、口径 16、腹径 16 厘米。 青铜，大半球形体，三足，两绳纹耳，颈部弦纹两道。 伪刻款。	1.42 千克	《集成》1489	穀乍 2 字（唐兰）
10697	雷乳纹鼎	殷	原藏	全高 19.9、身高 16.5、足高 6.7、口径 16.1、腹径 16.2 厘米。 青铜，大半球形体，三直足，两直耳，腹部斜方格雷乳纹，口边夔带纹，足有蕉叶式蝉纹。 口有裂璺。 底伪刻二字款。	1.82 千克		

续表

藏品号	名称	年代	来源	形态特征	重量	著录	备注
10699	饕餮纹鼎	殷	原藏	全高 19.6、身高 16.5、足高 6.5、口径 16、腹径 15.7 厘米。 青铜，半球状体，三直足，两直耳，口外细雷纹地饕餮纹，下为垂叶纹。 伪刻二字款。	1.68 千克		
10701	大作嫞鬲	殷	原藏	全高 15.9、身高 12.7、口径 14 厘米。 青铜，分裆直足，口稍侈，两直耳，铭文作“大作嫞宝尊彝”。 一耳残缺。	1.08 千克	《集成》540 《精萃》26	1954 年 7 月 27 日修理
10704	弦纹鼎 （[illegible]且乐鼎）	战国	原藏	全高 24.1、身高 19.8、足高 7.2、口径 20.6、腹径 20.5 厘米。 青铜，大半球形，下有三直足，口外有弦纹两道，上有两绳纹直耳。 残破，有伪刻三字款。	3.07 千克		[illegible]且乐 3 字 （唐兰）
10707	素盖鼎 （保子鼎）	战国	原藏	全高 14.3、身高 10.6、足高 3.8、子口径 11.4、腹径 12.4 厘米。 青铜，半球形，三足，两附耳，漫圆盖有环鼻，铸造粗劣。 盖有伪刻“保子”款。	880 克		注销
10719	饕餮纹斝	殷	原藏	全高 30.8、身高 23.6、足高 12.5、口径 17.8、腹径 17 厘米。 青铜，漫平底，三足，圆形，口稍侈，旁有牺首鋬，腹部粗细雷纹组成之饕餮纹，两柱花纹亦极工致。 一耳及两足折伤，花纹氧化过甚。 内有一字伪款。	4.18 千克		1954 年 10 月 19 日修理
10723	饕餮纹爵	殷	原藏	高 23.3、足高 9.3、口径 18.3 × 8.2、腹径 6.1 厘米。 青铜，三足，小肚，有饕餮纹带，填以细雷纹，牺首鋬，长流高柱。 鋬内伪刻鱼形铭款。	770 克	《集成》7545	
10724	饕餮纹爵 （宀爵）	殷	原藏	高 22.5、足高 9、腹径 6.15、口径 16.95 × 8.15 厘米。 青铜，三足，小肚，牺首鋬，腹部三层雷纹式饕餮纹，两柱较高，鋬内有“宀”字。 一足尖中断。	710 克	《集成》7694	

藏品号	名称	年代	来源	形态特征	重量	著录	备注
10725	亚父辛爵	殷	原藏	高 20.7、足高 8.7、口径 17.7×8.25、腹径 6.2 厘米。 青铜，三足，腹部有饕餮花纹，牺首鋬，鋬内有"亚父辛"铭款，涡纹伞状双柱。	780 克	《集成》8631	
10728	作从彝	殷	原藏	高 25.7、口径 19.3、腹径 11.75、底径 13.8 厘米。 青铜，圈足，高体，侈口，腹部稍凸起，足部有饕餮纹两道，细花雷纹地，制作较工整，内底有"作从彝"铭。	2.73 千克		
10730	饕餮纹尊	殷	原藏	高 23.5、口径 18.3、腹径 10.9、底径 13.5 厘米。 青铜，圈足，侈口，腹稍膨胀，有饕餮纹，空隙满填雷纹，足颈有弦纹两道。 有破孔，圈足内有伪刻款。	1.61 千克		1954 年 6 月 25 日修理
10734	弦纹觚	殷	原藏	高 26.2、口径 15.3、腹径 5.05、底径 9 厘米。 青铜，高足，腹部稍膨胀，侈口，腹部有双立脊，四目状凸起，表示为一种素面饕餮纹，上下各有弦纹两道。 足下有人执弓龟父伪刻款。	1.04 千克		
10737	妇田觚	殷	原藏	高 22、口径 13.7、腹径 6.2、底径 8.3 厘米。 青铜，足稍短，腹稍膨胀，细颈侈口，足颈均有弦纹三道，足颈弦纹中有未透深十字纹两个，腹部饕餮纹，上下有窄连环带纹，圈足内侧有"妇田"铭，"田"字为双钩式阳文。	840 克	《集成》6871	
10738	鱼觚	殷	原藏	高 21、口径 12.45、腹径 4.25、底径 7.6 厘米。 青铜，高圈足，腹部微粗，细颈侈口，腹部有眼目式四瓣花纹，圈足内有鱼形款。	660 克	《集成》6683	
10739	觚	殷	原藏	高 18.6、口径 14.5、腹径 7.4、底径 10.25 厘米。 青铜，体短而粗，腹部两面起脊，脊旁各有二目形凸起，表现为一种素饕餮纹，圈足内有一字阳文款。	680 克	《集成》6792	

续表

藏品号	名称	年代	来源	形态特征	重量	著录	备注
10740	叔龟瓿	殷	原藏	高 21.3、口径 12.8、腹径 5.5、底径 8.6 厘米。 青铜，高圈足，腹稍膨胀，侈口，底足及腹部有粗花饕餮纹，圈足内有"叔龟"二字款。 口部大半残缺。	710 克	《集成》7058	昆龟等字（唐兰）
10743	饕餮纹瓿	殷	原藏	高 25.8、口径 14.4、腹径 4.85、底径 9 厘米。 青铜，圈足，小腹，侈口，腹足部有四道花起脊，座腹均为粗细花饕餮纹，颈部雷纹带上有蕉叶饕餮纹，花纹深沉规整，制作精好。 腰部断，口部裂璺，圈足内有伪刻二字款。	840 克		1954 年 5 月 16 日修理
10745	瓦沟纹环耳簋	周	原藏	通高 17.4、身高 10.8、口径 20.7、腹径 23.5、底径 21.2 厘米。 青铜，圈足，大肚，两肩有牺首衔环耳，上有圈座式盖，器盖均有横瓦垄纹。 器内伪刻 6 字。 器足微伤。	3.41 千克		
10746	窃曲纹簋（姜妇簋）	周	原藏	高 13、口径 19.3、腹径 24.8、底径 2.1 厘米。 青铜，圈足下有三立足，足上有牺首纹，大腹，小口，两侧有牺首，有珥式耳，口边雷纹地窃曲纹，下为瓦垄纹。 腹部大破孔，三足残缺，器内有伪刻五字款。	2.28 千克		姜妇簋，失盖，5 字，姜妇乍尊彝（唐兰）。1955 年 3 月 22 日修复。
10755	母己簋	殷	原藏	高 11、口径 15.6、腹径 15.6、底径 13.6 厘米。 青铜，圈足，圆器口微侈，两侧有兽首有珥式耳，器内底有"母己作尊彝"铭文。 足、口部均有残破缺损。	940 克		1954 年 10 月 31 日修复
10757	兽首弦纹簋	殷	原藏	高 13、口径 18、腹径 15.6、底径 13.2 厘米。 青铜，圈足，体圆无耳，口稍侈，足及口下有弦纹。 多片修复，器底有"皇亚钺"伪刻款。	1.37 千克		1 字，阳文（唐兰）。1954 年 10 月 31 日修复。

藏品号	名称	年代	来源	形态特征	重量	著录	备注
10765	兽面璧耳弦纹瓿	战国—汉	原藏	高 28、口径 33.5、腹径 36.8 厘米。青铜，薄胎，圆底，大肚，缩颈侈口，腹部弦纹三道，肩部有浮起兽面纹及双璧耳，器内底有"叔向父作宝尊其眉寿万年，子子孙孙永宝用"刻款。真品，假款。腹部有修补。	6.3 千克		
17256	戈头（七年戈）	秦	原藏	全长 24.9、叶长 14.7、阑长 12.6、厚 0.7 厘米。人工锈，叶中断，内上刻"七年昌工戈笩左师"篆文。	280 克	《集成》11271	1955 年 3 月 13 日修理
17258	铜镈	战国	原藏	长 8.7、径 3.3 厘米。镈底脱落，上错"高阳"篆文二字。字为后人伪作。	130 克		
18067	牺首环耳铜钟	春秋	购买	高 10.5、口径 22.4、底径 11.7 厘米。一耳残缺，无纹饰，底有"丁癸口若和父"款。铭待考。	1.49 千克		收入时的品名是牺首环耳铜甄
18499	窃曲纹盨	周	北京购入	通高 16.2、口径 24×17、腹径 33.8×19、底径 23.2×16 厘米。有盖，器身上下各饰窃曲纹一道，兽耳，盖口缘饰窃曲纹。铭文伪刻，盖口有一处向内折入。	4.53 千克		
21067	夔纹簋	周	沈阳徐志捐赠	高 14.9、口径 21.7、腹径 22、底径 18.9 厘米。兽耳，口下饰夔纹带，腹下圈足饰斜角雷纹带，底有铭文 10 字。真品，铭后刻。	—		
24819	夔龙纹鼎	西周	沈阳文物店购入	通高 14、口径 14.2、腹径 14.5 厘米。青铜铸，最大腹径在下部，腹下稍平。三只半圆足，口径正圆，两直耳。口下有细回纹地，回首翘尾螭龙。铭文伪刻。	—		
25023	饕餮纹爵（兮羊爵）	商	辽宁文物店购入	高 21 厘米。青铜铸造，涡纹柱冒，腹部起脊棱，铸饕餮纹，雷纹地，流尾沿周铸有三角雷纹，鋬耳内有铭为"兮羊"二字。流、尾、腹、足、柱有的经焊接修补过，铭文恐伪，鋬耳伪。	—	《集成》8216	

续表

藏品号	名称	年代	来源	形态特征	重量	著录	备注
25175	兽首罍	西周	喀左县小转山马厂沟青铜器窖藏出土	高 40.1、口径 18、腹径 31.8、底径 17.9 厘米。 青铜铸造。硕腹圈足，口较小，肩饰涡纹，有两耳作兽首衔环形。口内铸有铭文，已残缺，仅存 3 字。附游环两个。 残缺经修补。	—	《集成》9791	
25176	史伐卣	西周	喀左县小转山马厂沟青铜器窖藏出土	通高 24.5、口径 14.5×11、腹径 20.5×16.5、底径 16.9×13.2 厘米。 青铜铸造。提梁两端饰有牛首耳，盖及腹部饰有夔凤纹带各一周，盖和器内铸有铭文"史伐作父壬尊彝"7 字。 残破，经修复，盖钮残缺。	—	《集成》5288《精萃》32	
25177	戈父庚卣	西周	喀左县小转山马厂沟青铜器窖藏出土	高 22.7、口径 14.5×11.6、腹径 25.5×18、底径 20.2×16 厘米。 青铜铸造。有提梁，腹部两侧各饰一耳，模糊不清，提梁作绞索状，盖失。器内铸有"戈作父庚尊彝"铭文 6 字。 残缺，经修补，无盖。	—	《集成》5213	
25180	鱼父癸簋	西周	喀左县小转山马厂沟青铜器窖藏出土	高 16.8、口径 24.8、底径 17 厘米。 青铜铸造。侈口圈足，口外饰以兽首涡纹带一周。腹部饰百乳纹。器内底铸有"鱼父癸"铭文 3 字。 残，经修补。	—	《集成》3216《精萃》42	
25181	蔡簋	西周	喀左县小转山马厂沟青铜器窖藏出土	高 16.3、口径 22.3、底径 17.2 厘米。 青铜铸造，侈口，圈足，兽耳，口外饰有雷纹及兽首纹一周，圈足上部有弦纹两道。器内底有"蔡"字铭文。 有划痕，修补，裂纹，花纹处有磨损。	—	《集成》2915《精萃》37	
25461	饕餮纹铜瓿	周	1965 年从辽宁省文物总店购入	高 26.2、口径 15、底径 9 厘米。 青铜铸，腰部铸雷纹地饕餮纹，上下各饰弦纹两圈。足部铸雷纹地饕餮纹。 铭文伪刻。	1 千克		

续表

藏品号	名称	年代	来源	形态特征	重量	著录	备注
25469	弦纹爵	西周	1965 年从辽宁省文物总店购入	高 16.7 厘米。青铜铸造，伞形柱帽，素平錾，腹部有弦纹三道。錾内铸有✄字铭文。锈蚀。	—	《集成》7605	
26107	铜戈（三年上郡高戈）	战国	铁岭熔炼厂拣选	存长 21.7、刃长 15.4、刃宽 3.1、刃厚 0.35、胡长 7.7 厘米。青铜，长援，胡较长，近阑三穿，内一横穿，内两面刻有文字，一面刻"三年王命……高……□甲"；另一面刻"後淬"。内残缺一段，刃部磕伤。	290 克	《集成》11287	
26442	铜爵	商	1974 年从辽宁省文物总店购入	全高 19、口径 16.2×7.7、腹径 6.05、足长 8 厘米。铜铸，三足，圆底，腰部细雷纹地饕餮纹，錾内铸"子畀"铭文尾，流有蝉纹，柱顶涡纹。	600 克		
26445	涡纹铜鼎	商	1974 年从辽宁省文物总店购入	全高 20、口径 16.6、腹径 16.55 厘米。青铜，三直足，直耳，肚稍鼓，肩部有涡纹，目纹。铭文伪刻。	1.39 千克		
26447	夔凤纹鼎	西周	1974 年从辽宁省文物总店购入	全高 18.5、口径 15.25、腹径 15 厘米。青铜铸，三柱足分档鼎身，直耳，肩部夔凤纹。铭文伪刻。口部残缺多片。	1.4 千克		
26453	夔龙纹鼎	周	1974 年从辽宁省文物总店购入	高 21.5、口径 19.2、腹径 19.4 厘米。青铜铸，圆鼎三柱足，展唇直耳，最大腹径在下部，腰部有四顾夔龙纹一道。内铭文不真。	2.22 千克		
26457	斜方格乳丁纹簋	殷—西周	1974 年从辽宁省文物总店购入	高 15.7、口径 24.22、腹径 21.3 厘米。青铜铸，高圈足，圆器身，展唇。圈足夔龙，颈部三兽头夔龙，腹部方格雷纹加乳丁。内底铭文不真。殷至西周初。	2.18 千克		
26468	铜车銮	西周	1974 年从辽宁省文物总店购入	高 18.2、底径 4.6×3.65 厘米。青铜铸，方裤座，两宽面三线凸起及菱形纹四个，上有铜铃，外有圆轮，一面镂空，内有铃舌。铭文不真。	600 克		多处修理，每副两个，现仅存一个

续表

藏品号	名称	年代	来源	形态特征	重量	著录	备注
27148	饕餮纹簋（白作宝尊彝）	西周	铁岭熔炼厂拣选（锦州地区采集）	高 14.5、腹径 19.9、圈足径 15.5 厘米。 青铜铸，高圈足，圆身侈口，两兽耳有珥。腹有饕餮纹，圈足有夔龙纹带，皆有细雷纹地。内底刻铭文"白作宝尊彝"。	2.05 千克		一块后人补接，圈足有破孔
27152	燕王职戈	战国	铁岭熔炼厂拣选（北票县东官营子采集）	全长 27、高 13、援长 18、内长 8.8 厘米。 青铜铸，直援方内，援中有脊略隆起，两旁有沟，胡刃有弧曲三，阑内三穿，直内二穿，内上有虎形纹，胡上有铭文"郾王职作御司马"。	420 克	《集成》11236	刃及援边有伤痕
27165	夔凤纹鼎	西周	张少铭捐赠	通高 22、口径 19.2、腹径 20.3 厘米。 青铜铸立耳柱足，平沿外折下腹向外倾垂。口沿下饰以细雷纹填地的夔凤纹。 口内铭文伪刻。	2.62 千克		
27166	窃曲纹匜（番君匜）	周	张少铭捐赠	高 20.4、长 36.5 厘米。 青铜铸，宽流直口，鋬及四足作兽首形。口饰窃曲纹带，腹饰瓦纹，内底铸"为番君䰞用土金作白宝匜其万年子子孙孙永宝用享"铭文。	3.19 千克	《集成》10271	
27168	饕餮纹提梁卣	周	张少铭捐赠	通高 20、腹径 14.3×13.5、底径 11.5×9.5 厘米。 青铜铸，有盖提梁两端作兽首形，下有圈足，口及盖饰雷纹地饕餮纹。内底及盖均铸"𩰚作宝尊彝㐖"两行六字铭文。	1.8 千克	《集成》5249	
27169	提梁方卣	殷	张少铭捐赠	通高 18.2、腹径 7.4×8.9、圈足径 5.9×5.1 厘米。 青铜铸，有盖方卣提梁作钮绳两端环状，盖及器口有"亚貘"铭文。 梁断。	900 克		
27170	饕餮纹爵	商	张少铭捐赠	通高 19.3、口径 16.4×7.1、足长 7.9 厘米。 青铜铸，前有流，后有尾，旁有鋬，上有二柱，下有三足。腹饰饕餮纹，鋬内铸"戈夭"铭文。	640 克		

藏品号	名称	年代	来源	形态特征	重量	著录	备注
27171	饕餮纹爵	周	张少铭捐赠	通高19.5、口径15.7×7.4、足长8.9厘米。 青铜铸，两柱呈伞状，分别立于流鋬之间的口沿两边，顶端饰涡纹，足作三棱锥体外侈，腹饰饕餮纹已漫漶，鋬内铸"父丁□□"四字。 一柱顶断，二足断。	560克		
27173	申爵	商	张少铭捐赠	通高21.4、口径17.9×7.5、足长8.5厘米。 青铜铸，两柱，前有流，后有尾，旁有鋬，足作三棱锥状，腹饰夔龙纹，上下有小圈若干连续成带。鋬内有"申"铭文。	720克		
27174	弦纹爵	周	张少铭捐赠	1.通高20.2、口径17.4×7.5、足长9.1厘米。 2.通高18.5、口径17.4×7.5、足长7.5厘米。 青铜铸，腹有弦纹三道。1.鋬内铸"𤕻"铭文；2.鋬内铸"𠂤举"铭文。 1.三足断；2.断一足，口残缺。	1：840克；2：540克		
27175	雷纹爵	周	张少铭捐赠	通高20.5、口径18.3×7.7、足长9.1厘米。 青铜铸，二柱伞状顶端涡纹，三棱，足外侈，腹饰雷纹，鋬内有"□父丁"三字铭文。 尾残缺。	790克	《集成》8901	
27181	白父鼎	商	铁岭熔炼厂拣选（阜新地区采集）	通高21.8、口径17.9、腹径18.5厘米。 青铜铸，直耳三柱足，口饰饕餮纹，腹饰斜方格雷乳纹。内口铸"白父作宝鼎"铭文。 底有裂口经修补。	2.14千克	《精萃》27	
27182	大官盖鼎	秦—西汉	铁岭熔炼厂拣选（平凉地区采集）	通高18.5、口径21.8厘米。 青铜铸，附耳子母口，有盖三环钮，马蹄足，腹有弦纹一道。外足上有刻款"大官一斗半斗十二斤十三两□左中"。 盖有裂口，底有修补。	3.96千克		
27187	三足器座	战国	铁岭熔炼厂拣选（平凉地区采集）	高13.5、径19.1厘米。 青铜铸，上呈盘状分四格，中有圆孔，三长足。 外沿有"重五斤十二两"刻款。	1.4千克		

续表

藏品号	名称	年代	来源	形态特征	重量	著录	备注
27188	白庚爵	周	铁岭熔炼厂拣选（阜新地区采集）	高 20.2、足长 8.7 厘米。青铜铸，二柱顶作伞状，旁有鋬，底有三棱足外侈，腹饰饕餮纹，鋬内铸"白庚"款。	660 克		
27254	蟠虺纹车軎	周	张少铭捐赠	高 8.15、直径 4.3 厘米。铜铸。身雕蟠虺纹，完整带辖，刻有铭文二字"御左"。	280 克		
28017	爵（人爵）	商	购买	1. 通高 21.1、腹径 7 厘米；2. 通高 20.1、腹径 6.4 厘米。铜铸。窄流，双菌形低柱兽形鋬，三足呈刀形，均饰兽面纹。1. 鋬内有"人"字；2. 亦有字不辨。1. 表面有人工锈；2. 足微伤。	1：920 克；2：780 克		
28208	铜印模	战国	购买	高 1.3、宽 3.2×3.6 厘米。青铜铸，长方形，鼻钮。印文凸起。印文微伤。	40 克		
29733	三足铜鬲	周	省文物商店购买	通高 15.4、口径 12.5 厘米。青铜铸造，体呈三角形，敞口、立耳，三足。颈部有饕餮纹带，内有"父□"二字。口沿下有璺一道，足部破孔一处，一足残。	840 克		
29734	饕餮纹铜爵	商	省文物商店购买	通高 19.5、存口径 7.9×14.5、足高 8.9 厘米。青铜铸，腹部饰饕餮纹，雷纹地，桥形鋬，鋬内有"鱼父"二字。有两个伞状柱，圆底，三足。尾残缺。	590 克		
24514	"中平城"戈	秦	辽阳近郊出土	全长 24.5、援长 11.8 厘米。青铜铸造，胡上三穿，内中部一长穿。内上部阳刻"中平城"三字，反面胡上阴刻"漆垣"二字。内部尾端残断，可复原。	—	《集成》10935	
27334	饕餮纹甗	西周	1974 年喀左县山湾子窖藏出土	通耳高 41.2、口径 25.1、腹深 24.5 厘米。青铜铸，双立耳，上部一周雷纹带，腹、足饰饕餮纹，有箅。内壁有"子荷戈□作宝彝"铭文。划硬伤。	5.65 千克	《集成》885《精萃》30	

藏品号	名称	年代	来源	形态特征	重量	著录	备注
27335	饕餮纹瓹（伯矩瓹）	西周	1974 年喀左县山湾子窖藏出土	通耳高41、口径25.5、腹深24厘米。青铜铸，双立耳，上部一周雷纹带三组饕餮纹。有箅，箅上有十字形穿五，内壁有"白矩作宝尊彝"铭文。	5.9 千克	《集成》893 《精萃》31	
27337	"史"方罍	西周	1974 年喀左县山湾子窖藏出土	高 35、口径 14×11.5、腹径 21×17.5、圈足径 15.5×12.2 厘米。青铜铸，方直口，深腹，圈足，肩部对称兽面衔环耳，另两壁各有一凸起兽面，腹下有一兽面提环，口内壁铸"史"铭文。多处修复。	5 千克	《集成》9740	注销
27340	提梁卣（舟父甲卣）	西周	1974 年喀左县山湾子窖藏出土	通梁高33.7、口径14.5×11.4、圈足17.8×13.7厘米。青铜铸。提梁有盖，椭圆圈足，盖钮瓜棱形，提梁为三条状并连带两端各饰一羊首状，和置肩上鼻钮相衔，外底有方格铸纹。器内底"舟父甲"，盖内"车隽父丁"铭文。盖可能非原器物。腹部有一处残破。	4.72 千克	《集成》5069、4907 《精萃》33	
27341	鱼尊	西周	1974 年喀左县山湾子窖藏出土	高 37、口径 25.3、底径 15.3 厘米。青铜铸，体似觚形，大口高圈足，下部有对称十字形镂孔两个，起四脊，通体均饰饕餮纹，圈足内侧有"鱼┃"铭文。有裂璺，修补。	5.24 千克	《集成》5589	
27343	"叔尹"方鼎	西周	1974 年喀左县山湾子窖藏出土	通耳高 21.2、足高 6.6、口径 17.5×13.4 厘米。青铜铸，长方圆形口，圆唇外折，下腹外鼓，四柱足，直耳微外撇，唇下有一道弦纹，外底有三道弦纹交叉铸纹，内底铸反书"叔尹作旅"。有硬伤两处。	4.55 千克	《集成》1925	
27347	"佣万"簋	西周	1974 年喀左县山湾子窖藏出土	高 13.8、口径 20.5、底径 16.2 厘米。青铜铸，侈口，鼓腹，圈足，二耳有附耳，口沿下饰同纹和变形夔纹相间组成的条纹带，圈足饰四组饕餮纹。内底有"佣万乍义姚宝尊彝"铭文。	3.23 千克	《集成》3667	

续表

藏品号	名称	年代	来源	形态特征	重量	著录	备注
27348	"父丁"簋	西周	1974年喀左县山湾子窖藏出土	高17.5、口径24.4、底径18.8厘米。青铜铸，圆口，鼓腹，圈足，兽状耳，耳有珥，口沿下饰饕餮纹，夔龙、冏纹相间的条纹带，腹饰瓦沟纹，内底有"父丁口"铭文。有破孔。	4.38千克	《集成》3176	注销
27349	"人父甲"簋	西周	1974年喀左县山湾子窖藏出土	高16.5、口径24.6、底径18.9厘米。青铜铸，侈口圆唇，鼓腹，圈足，两兽耳有珥，颈、足饰四组夔龙组成的条纹带，内底有"人父甲"铭文，外底铸方格纹。底有裂璺。	4.64千克	《集成》3144	注销
27350	"亚皃"簋	西周	1974年喀左县山湾子窖藏出土	高18.3、口径24.9、底径19.4厘米。青铜铸，圆唇微侈，鼓腹，圈足，双兽耳有珥，耳内器腹各铸一蝉纹。颈、足饰夔龙纹地兽面纹，腹饰雷纹地凸乳丁，内底有"亚皃父乙"铭文。一耳缺珥。	4.16千克	《集成》3299	
27351	"龤伯"簋	西周	1974年喀左县山湾子窖藏出土	高14.5、口径17.3、底径18厘米。青铜铸，直口，鼓腹，圈足，双兽耳有珥，上腹及圈足饰雷纹，卷云纹带，内底铸"龤白(伯)乍(作)宝尊彝"铭文。外底铸斜方格纹。双耳及器口均有修补，有裂璺，有破孔。	3.12千克	《集成》3526	
27352	"尹"簋	西周	1974年喀左县山湾子窖藏出土	高15.5、口径19.7、底径17.8厘米。青铜铸，口外侈，鼓腹，圈足，双兽耳有珥，口沿下饰夔凤纹带。外底正中铸"尹"铭文。耳内、底、圈足有孔。	3.2千克		注销
27353	饕餮纹簋	西周	1974年喀左县山湾子窖藏出土	高15.4、口径22.6、底径18.4厘米。青铜铸，口外侈，圈足，双兽耳有珥，腹饰粗线条饕餮纹，口沿及圈足饰夔龙纹带。内底铸有"亚……"铭文。多处修补。	2.9千克	《集成》3245	注销
27354	雷乳纹簋	西周	1974年喀左县山湾子窖藏出土	高18.1、口径26.4、底径19.9厘米。青铜铸，侈口圆唇，两兽耳有珥，高圈足，口沿下和圈足有变形夔龙纹、冏纹的条纹带，间以雷纹地，腹部饰斜方格雷乳纹圆乳丁。内底有"乍(作)宝尊彝"铭文。		《集成》3406	

藏品号	名称	年代	来源	形态特征	重量	著录	备注
27355	"庚父戊"簋	西周	1974年喀左县山湾子窖藏出土	高15.5、口径21.9、底径16.6厘米。青铜铸，侈口圆唇，下腹鼓出，两兽耳有珥，口沿下及圈足饰两组夔龙纹带，腹部饰饕餮纹。内底有"庚父戊囗"铭文。外底有凸起的兽面纹。有裂璺及砸伤。	3.04千克	《集成》3190	
27356	四足方鼎（要方鼎）	西周	1973年喀左县北洞村二号窖藏出土	高51.7、足高19、口径40.8×30.5厘米。青铜铸，双立耳，方身，四柱足，方口斜折唇，四壁面饰饕餮、乳丁纹，足饰饕餮、弦纹。内底铸"亚貝侯矣"铭文，内壁铸"丁亥，玟商（赏）又（右）正要兴贝，才（在）穆，鼎朋二百。要辰（扬）玟商（赏），用乍（作）母己尊"四行廿四字铭文。底足均有裂璺。	31千克	《集成》2702	
27358	"要父辛"鼎	西周	1973年喀左县北洞村二号窖藏出土	通耳高36.2、足高14.4、口径28厘米。青铜铸，直耳外撇，圆腹起六棱，足呈蹄状。口沿下饰夔纹带，腹部饰二夔龙相对成一兽面，足饰兽面纹，皆以细雷纹衬地。内壁铸"要父辛"铭文。底铸网状纹。	12.4千克	《集成》1651	
27360	夔龙纹簋	西周	1973年喀左县北洞村二号窖藏出土	高24.4、座高10.5、口径21.8厘米。青铜铸，侈口，双兽耳有珥，圈足，方座。上腹、圈足、方座周边饰夔龙纹，腹内底有"作宝尊彝"铭文。	4.34千克	《集成》3409	
27363	兽耳衔环罍（父丁孤竹罍）	西周	1973年喀左县北洞村一号窖藏出土	高41.1、口径16.8、底径16厘米。青铜铸，平沿，短颈，鼓腹，瘦长，双兽耳衔环，圈足，下腹有一兽面提环，肩下凹槽一周，颈部凸起两道弦纹，肩部环列凸起六个圆涡纹。口径内有"父丁瞀冉凫亚"一行六字铭文。多处经修补。	9.9千克	《集成》9810	
27563	铜戈	战国	1966年喀左县六官营子南洞沟出土	通长18.8、胡长6.3、内长7.3厘米。青铜，援稍上昂，内较长，内上一穿，一面铸"×<"符号。阑侧三穿，有胡。锋残。	180克		

续表

藏品号	名称	年代	来源	形态特征	重量	著录	备注
28072	"登卣"方罍	商	1978年喀左县小波汰沟窖藏出土	通高51.3、口径17.3×15.8厘米。铜铸，屋脊式盖，具提钮，双环耳饰兽首衔游环，腹下一兽头形鼻系。通体饰饕餮纹，盖内有"登卣"二字。残碎，身有裂璺，底缺一角，经修复。	—	《集成》9771	
28073	圉簋	商	1978年喀左县小波汰沟窖藏出土	通高31.4、宽37.8厘米。铜铸。侈口外撇，鼓腹兽首耳有珥，高圈足，腹饰棱脊两道。腹、底均饰饕餮纹，内底刻"王栔玚（于）成周，王易（锡）图（圉）贝，用乍（作）宝尊彝"铭文。有璺，座裂璺多道，经修复。	—	《集成》3824	
28116	春平侯剑	战国	1971年庄河县桂花公社岭西大队出土	长28.4、宽3.12、厚0.81厘米。铜铸，直刃，平脊，锋为三角形，扁平矩形茎正面刻"四年，相邦春平侯，邦左军工师岳身，冶甸沥执齐"两行十九字。背刻"大攻（工）君（尹）肖（赵）闲"一行五字。剑身中断，刃微伤。	310克	《集成》11707	
28117	启封戈	战国	1975年旅大市新金县元台公社后元台大队出土	长24、刃宽2.8、厚0.6厘米。铜铸，细援微上扬，胡侧三穿，内一穿。内正面刻"二十一年启甾（封）命痈二师（合文）鈜冶者"，背刻"启封"二字。	260克	《集成》11306	
28118	上阳戈（元年丞相戈）	秦	宽甸双山子出土	长26.5、宽3.6、厚0.7厘米。铜铸，长援上扬，长胡三穿，三角形锋，矩形内一穿。正面刻"元年丞相叚造上阳左工谷疾工棤阢"，背刻"武库"二字。	410克	《近出》1189，《考古与文物》1983年第3期，第22页	
28140	饕餮纹簋	战国	1978年喀左县小波汰沟窖藏出土	通高27.2、通耳宽35、口径22、座径18.5×17.7厘米。青铜铸，侈口，鼓腹，圈足下有方座，双兽耳。内底有"作彝"铭文。座内悬铃。残甚，经修复。	4.38千克		

藏品号	名称	年代	来源	形态特征	重量	著录	备注
29948	双兽耳铜罍	西周	1978年喀左县小波汰沟窖藏出土	高44.2、通耳宽44、口径17.9、腹径33.7、底径17.4厘米。 青铜，平沿，短颈，鼓腹，高圈足，肩上有圆形涡纹六个。腹部饰饕餮纹、乳丁纹。腹下有兽面提环。 内有铭文。 经修复，多处锈蚀。	—	《集成》9808	
30308	铜戈	战国	凤城县鸡冠山乡白菜地村三道河子出土	援长16.5、内长10.1、胡长11.6厘米。 青铜铸，长胡穿，内有一孔。内两面均刻有铭文，正面文字图锈蚀不清。背面刻"上武□库"四字。 断为三段，可修复。 锈蚀较重。	360克		
33706	燕王喜剑	战国	北镇亮甲河岸采集	长26.5、最宽处3.5厘米。 青铜铸，短颈，柱脊，剑叶下部有两穿。铸铭文："匽王喜□作□鋏（铍）"。 剑身有多处磕伤。	—		

器物著录书刊简称对照表

1.《攈古》,《攈古录金文》,清吴式芬,光绪二十一年(1895年)。

2.《周金》,《周金文存》,6卷,邹安,1916年。

3.《梦郼》,《梦郼草堂吉金图》,3卷,罗振玉,1917年。

4.《梦续》,《梦郼草堂吉金图续编》,1卷,罗振玉,1918年。

5.《待时轩》,《待时轩传古别录》,2卷,罗福颐,1928年。

6.《贞松》,《贞松堂集古遗文》,16卷,罗振玉,1930年。

7.《贞补》,《贞松堂集古遗文补遗》,3卷,罗振玉,1931年。

8.《双吉》,《双剑誃吉金图录》,2卷,于省吾,1934年。

9.《贞续》,《贞松堂集古遗文续编》,3卷,罗振玉,1934年。

10.《贞图》,《贞松堂吉金图》,3卷,罗振玉,1935年。

11.《增订》,《增订历代符牌图录》,罗振玉,1925年。

12.《续殷》,《续殷文存》,2卷,王辰,1935年。

13.《十二》,《十二家吉金图录》,4卷,商承祚,1935年。

14.《小校》,《小校经阁金文拓本》,18卷,刘体智,1935年。

15.《邺初》,《邺中片羽初集》,2册,黄濬,1935年。

16.《尊古》,《尊古斋所见吉金图》,4卷,黄濬,1936年。

17.《三代》,《三代吉金文存》,20卷,罗振玉,1937年。

18.《通考》,《商周彝器通考》,容庚,哈佛燕京学社,1941年。

19.《书道》(河出),《书道全集》,日本河出书房,1956年。

20.《书道》(平凡),《书道全集1·中国1》,日本平凡社,1965年。

21.《总集》,《金文总集》,严一萍主编,台北艺文印书馆,1983年。

22.《综览》,《殷周时代青铜器の研究·殷周青铜器综览》,2册,(日)林巳奈夫,1984年。

23.《集成》,《殷周金文集成》修订增补本,8册,中华书局,2007年。

24.《近出》,《近出殷周金文集录二编》,中华书局,2010年。

后 记

　　辽宁省博物馆藏品主要有：原藏的部分唐渤海、辽代的考古资料，河南出土的甲骨，以及北魏墓志、辽庆陵哀册等；经朱启钤先生多年铢积寸累而来的宋、元、明、清缂丝和刺绣精品；溥仪从北京故宫运出，后部分转归东北博物馆的历史书画珍品和宋元善本图书；中华人民共和国成立后辽宁各地考古发掘的一批出土文物及征集、购买、捐赠的各类文物。

　　经过多年来的积累，辽宁省博物馆所庋藏的各类文物，颇为可观，不仅数量多，年代跨度大，而且独具历史与文物价值。特别是馆藏金石文字，内容丰富，形式多样，举凡甲骨、青铜、陶文、石刻、印玺、钱币等，不一而足。1999 年，时值馆庆五十周年之际，曾结集出版《辽宁省博物馆藏金石文字精萃》拓本，提供了一批耳目一新的原始材料。彼时笔者承担了挑选文物及解读的工作，第一次接触带文字的文物，一直存念将这批文字资料整理出版，并能做成展览，以博物馆的方式，呈现出来。

　　笔者的古文字学识来自大学时吴振武先生开设的古文字学专业课，当时的课堂笔记，工作后受用至今。这本图书的编写，还承蒙吉林大学考古学院吴良宝教授、曹磊博士，文学院李松儒教授对书中先秦时期疑难文字的识读与校定。

　　图书出版历时多年，感谢我的同事，拓片郭德胜、张启刚，摄影林利、沙楚清，参与整理校对的李松儒、陶亮、么乃亮，以及辽宁省博物馆保管部各库房的保管员。特别要感谢文物出版社的杨新改，以出版人的专业与耐心，长期以来的支持、鼓励与帮助。

　　最后，录吴师当年课堂上用篆书教学生的唐代王播《题木兰院二首》，以致谢忱。

　　三十年前此院游，木兰花发院新修。

　　如今再到经行处，树老无花僧白头。

　　上堂已了各西东，惭愧阇黎饭后钟。

　　三十年来尘扑面，如今始得碧纱笼。

刘　宁